12 BIS,
AVENUE DU MARÉCHAL-JOFFRE

DU MÊME AUTEUR

L'Année du flamant rose, Charleston, 2017 ; Pocket, 2018

ANNE DE KINKELIN

12 BIS, AVENUE DU MARÉCHAL-JOFFRE

ROMAN

HarperCollins
TRAVERSÉE

HARPERCOLLINS FRANCE
83-85, boulevard Vincent-Auriol, 75646 PARIS CEDEX 13
Tél. : 01 42 16 63 63

www.harpercollins.fr

ISBN 979-1-0339-0465-6

« Si tu veux être aimé, meurs ou voyage. »

Proverbe persan

« Le véritable voyage de découverte ne consiste pas à chercher de nouveaux paysages, mais à avoir de nouveaux yeux. »

Marcel Proust

Don't Go Far[1]

Je suis une vraie-fausse malade. Vraie, parce que mes parents passent leur temps à me regarder avec des yeux condescendants. Fausse, parce que ma maladie ne rentre pas entièrement dans le Vidal.

Anorexique. J'ai perdu le goût de l'assiette le jour où j'ai oublié la saveur du sourire. Le temps de fermer les yeux et au revoir, joie, peine, trouille. Adieu, sensations salées, sucrées, amères et tout le reste. Je l'ai compris à la première bouchée d'une blanquette de veau familiale. Viande, carottes, crème. Les saveurs ont dévasté mes papilles. C'est comme si, dans le même instant, je savourais les goûts au plus fort jusqu'à en être dégoûtée, jusqu'à ne plus pouvoir ouvrir la bouche, jusqu'à redouter les heures qui avancent, de repas en repas. Les adultes n'ont rien vu du lien discret et bien réel entre mon absence d'appétit et l'envol de mes émotions. Dans mon esprit d'enfant, c'était déjà très clair. Le plus dur était de l'avouer. De

1. Les intitulés de chapitres sont des titres de chansons. Chaque interprète est cité dans la table des matières, en fin d'ouvrage.

mettre des mots sur ce qui me terrifiait. Dans le fond, c'était plus simple d'arrêter de se nourrir. Plus simple de lâcher la cuillère que de parler. Plus simple de crever que d'expliquer.

C'est court, je sais, un peu brutal aussi. On me reproche souvent un certain manque de rondeur dans mes paroles. J'avoue que, quand on a failli y rester, on a tendance à ne plus vouloir emballer les choses. Ne plus perdre de temps. On sait trop ce qu'on peut louper à patienter. Voir ma vie passer a longtemps constitué l'une de mes activités favorites. Tout attendre et ne rien attendre dans le même instant. Espérer une reprise de contrôle, lutter un peu et finir au tapis. Essayer, essayer encore… Pensez donc, les journées sont longues à l'hôpital et je suis une fille pleine de contradictions. Un jour à bout de souffle, l'autre pas. Mettre, malgré tout, un semblant de mouvement dans cet univers aseptisé et unicolore. Ma vie est un carré blanc sur un fond blanc. Comme une toile de Kasimir Malevitch. Atone au premier regard. Plus subtile que ça dans le fond. Il y a deux nuances de blanc dans cette toile. Un blanc chaud, un peu ocre, pour le fond. Un blanc froid, légèrement bleu, pour le carré central. Une existence comme un monochrome de peinture. Médecins, infirmières, psychologues ; c'est une valse de blouses blanches graphiques à défaut d'être élégantes.

Jamais je ne me suis autant ennuyée. À croire que l'ennui est un moyen d'amener les patients à la guérison. Un peu comme si le chef d'unité avait décrété de manière tout à fait officielle : « Soyez distants, discrets, ne leur proposez rien, à un moment, ils finiront par se lasser et par rentrer chez eux. » J'avoue, c'est astucieux. Les jours à regarder le plafond, ça peut finir par rendre fou. J'ai longtemps hésité à devenir folle. La folie permet au moins de tenir dans une case. Et puis on ne compte plus les héroïnes folles à lier. J'aime la passion des émotions, enfin, chez les autres. Chez moi, il semblerait qu'elles aient disparu. Quitte à être malade, autant avoir du style, un truc qui fasse de vous non pas une bête curieuse, mais l'objet d'étude d'un phénomène rare pour les médecins. Déjà, ils vous regardent pour de vrai, là où tant d'autres détournent le regard. Ceux-là vous voient, vous observent. L'attention est dans chacun de leurs gestes. Tiens, j'aurais pu devenir Camille Claudel. Talentueuse, malheureuse, le cerveau et le cœur embrouillés par un amour trop grand. Internée par sa propre mère et emportée par la folie d'un syndrome de Korsakoff. Une maladie qui fait hurler, pleurer. Un truc qui ravage et ne laisse pas le paysage inerte. Je suis calée en maladies compliquées. Il fut un temps où, avec mes rares copines alitées, nous tentions de les placer sur un plateau de Scrabble. Nous avions une liste fabuleuse : tako-tsubo, la maladie du cœur brisé, syndrome d'Asperger, épidermolyse bulleuse, syndrome de Wiskott-Aldrich. Et mon préféré, thyroïdite d'Hashimoto. Lettre Y, dix points. Mon ambition était de la mettre sur une case « compte triple »… Quand je vous dis qu'on s'occupe comme on peut.

Mais revenons à Camille Claudel. Sa démence était liée à un trouble neurologique dû à une carence en thiamine (vitamine B1) au niveau du cerveau. Les causes identifiées sont l'alcoolisme ou la malnutrition. Dans mon cas, ça aurait été la seconde option. Mon rapport à l'ivresse est inexistant. Pas eu le temps d'y goûter et de savourer le vide et l'oubli parfois salutaire d'une bonne gueule de bois. Tout oublier d'une soirée, ça doit être agréable, parfois... Gommer les mauvais souvenirs, adapter la réalité. La mienne, par exemple. Du jour au lendemain, j'ai été incapable de laisser sortir la moindre expression. Plus rien. Un peu comme si j'avais épuisé mon quota de rires, de pleurs, d'inquiétude. Bim !... Ménopausée du cœur et du cerveau à dix ans. Plus de connexions. Rien. La petite fille facétieuse a disparu sans crier gare. Et, depuis bientôt huit ans, tout le monde la cherche en vain.

Au départ, on a parlé de « caprice » à mes parents. Imaginez, l'enfant unique et parfait que j'étais et qui avait tout pour être heureuse. Si je devenais mutique, inexpressive et désintéressée par le contenu de mon assiette, c'était forcément que je voulais prouver quelque chose. Ça m'a valu des soirées d'explications dans le silence avec mes parents, tous les deux grands communicants dans leur genre. Des mots qui se perdent dans le vide. Une incapacité à établir un dialogue. Mon père, mon papa chéri, me regardait avec amour et inquiétude : « Parle-moi, mon cœur, dis-moi ce qui ne va pas. » Côté maternel, on optait davantage pour la querelle : « Enfin, tu vois bien qu'elle le fait exprès. N'accorde pas trop d'importance à son silence. Quand elle aura besoin de s'exprimer, elle le fera. »

Nous étions en 2010, la pédagogie positive, ma mère ne connaissait pas.

Voilà, notre trio était parti pour huit ans d'allers-retours émotionnels. Aller mieux, aller mal, aller très mal. Penser à partir. Revenir sans savoir pourquoi. Aller super bien. Un peu de maison, un peu d'école quand c'était possible. L'hôpital comme un phare. De l'ennui toujours et partout. Il y a deux, trois choses qui m'ont fait tenir : lire tout ce qui me tombait sous la main, dessiner, griffonner des personnages imaginaires, et imaginer que j'étais un héros né à la mauvaise époque… Mon échappatoire favorite. Perdue dans un corps du XIXe siècle, je me voyais en figure romantique, soumise aux tourments de la vie. Un Julien Sorel avec une once de Lorenzaccio. Oui, des hommes. Que voulez-vous ? En découvrant Cyrano de Bergerac, je me suis dit : *Je ne serai jamais une Roxane.* Déjà, parce que personne ne se pâmait devant moi, mais surtout j'espérais mieux que cette condition qui heurtait mon féminisme. On peut être malade, avoir égaré ses émotions en cours de route et rester révoltée à l'idée de passer pour une buse. À défaut de retrouver la passion, l'amour ou le désir, j'ai tenté de combler le vide avec la chaleur de ces autres plus grands, plus forts, plus présents, plus puissants. Avec eux, je n'étais pas une bête curieuse. Je n'étais rien, et rien que ça c'était reposant.

Et puis, un jour de printemps, il y a quelques mois, allez savoir pourquoi, la vraie vie m'a rattrapée. À déjà dix-huit ans, j'étais toujours de ce monde. Un peu remplumée et prête à passer le baccalauréat. En candidate libre, certes, mais prête à faire rentrer de la normalité scolaire. C'était loin d'être une épreuve. Non, j'avais vu pire. Une amie de chambrée qui ne revient jamais, le regard dédaigneux de ma mère quand je détourne la tête d'une énième cuillère de carottes. J'ai pris ça comme une escapade, un grand bol d'air. Personne pour savoir qui se cachait derrière la copie. Une vraie libération. À force d'être confinée dans l'espace « enfants malades », j'avais endossé le rôle avec sérieux. Tout le monde trouvait cela rassurant, à commencer par mes parents. J'avais l'impression que ça nous permettait surtout de rester ensemble. Pensez-vous : les pauvres, avec une fille aussi mal en point, ils n'allaient pas se séparer. J'étais leur « colle », le lien, le seul qui semblait rester. Je n'en pouvais plus, mais je respectais cette place dans laquelle je m'étais faufilée. À présent, l'espace ne me convenait plus. Tout le drame était là. Soit j'allais vers mon bonheur. Soit je créais un nouveau malheur. Putain d'éducation judéo-chrétienne : quoi que j'entreprenne, j'étais bonne pour culpabiliser. Pendant des années, j'avais été le prétexte. Rester pour l'enfant. Se supporter pour elle… Sans un mot et tranquillement, je n'en pouvais plus, et je projetais de me faire la malle.

Il était temps que je parte à la recherche de ma guérison, puisque visiblement tout le monde séchait me concernant. Avec ce concours, j'allais être jugée sans être vue. Vous dire que cela me fit du bien est un doux euphémisme. J'ai été reçue… avec mention. La Cosette taille 34 venait de se tailler la part du lion. Mention très bien, félicitations du jury. Ça m'en bouchait presque un coin. Ma maladie l'a senti, d'ailleurs, tentant un courageux reviens-y. Pas de bol pour elle, je n'étais plus décidée à me laisser faire. Non, je n'avais plus envie de jouer.

Il est encore tôt ce matin de juillet. Je suis seule à la maison. Bachelière option poids plume. Pour une fois normale. Presque félicitée. Les réactions parentales sont un encéphalogramme plat. À croire que mon diplôme les chiffonne. Réussir, c'est s'émanciper de ses peurs. C'est les quitter un peu. J'y suis prête. Eux, pas. Je m'offre une célébration à mon image, je grimpe sur le toit. Je parle de ma vie, de ma maladie, mais pas de qui je suis : toiturophile. Rien à voir avec une pathologie, pour une fois. J'ai découvert ça par hasard à travers des photos à couper le souffle. Internet est le compagnon idéal des voyageurs empêchés. Dans mes nuits sans sommeil, je suis allée de Hanoï à San Francisco. J'ai aussi découvert les aventures urbaines de Marcel, explorateur citadin, bravant les digicodes et les cages d'escalier pour se faufiler plus haut et prendre des clichés inédits de Paris. Quand on est une banlieusarde comme moi, vivre près de Paris (assez pour voir la tour Eiffel, mais pas suffisamment pour la toucher) relève du crève-cœur. Je fais partie de ces individus qui savourent la capitale par tous les temps, même alitée. Regarder par la fenêtre a longtemps été mon passe-temps exclusif. J'ai pu déceler toutes les nuances de gris de la plus belle ville du monde. Savourer les premiers bourgeons des platanes. Les averses de grêle d'un mois de mars hésitant. La lumière douce de juin, qui réchauffe sans brûler. Paris, c'est des bruits et des couleurs. Un peu comme mes assiettes. Je me suis promis que, le jour où mes fichues jambes ressembleraient à autre chose qu'à des allumettes, moi aussi je partirais en vadrouille. Je verrais Orsay et Notre-Dame d'un autre point de vue.

Comme pour le reste, je me suis battue. Contre la trouille de me faire prendre. Contre le dégoût des artichauts. Je la voulais, ma vue du ciel ! Et j'ai tenu.

Le toit, donc, ultra-facile à atteindre car nous habitons en duplex aux troisième et quatrième étages. Je grimpe à l'échelle située sous les combles. Cinq marches vers le paradis. La matinée est claire, et je m'installe sans peine. Mon corps connaît ce lieu. Il sait que c'est là que je le traite mieux. Devant moi, la grande banlieue. Un regard vers la droite, et j'entrevois la tour Montparnasse, silhouette hideuse et grise. Plus près, l'arrondi naturel du mont Valérien. À gauche, rien de bien net. Et, pile au milieu : la tour Eiffel.

Je me rappelle encore ma première escalade, quelques semaines après ma sortie de l'hôpital… J'avais échappé à mes parents sur les Grands Boulevards. La foule est si pratique pour quelqu'un comme moi. Disparaître en un instant. Se soustraire aux regards lourds de non-sens. Bref, je m'étais échappée, avec la parfaite conscience de l'absurdité de la situation. A-t-on déjà vu fuir un majeur ? J'avais des petits talons ce jour-là. Ils avaient crissé légèrement sur l'ardoise. Quelle folie de grimper là en gardant mes bottines. Avait-on déjà vu un chat ergoté le long des gouttières ? Non, bien évidemment. Je n'écoutais rien ni personne. Si, je n'écoutais que ma folie. Cette mélodie intérieure qui me faisait tenir encore debout, malgré les autres, malgré mes peurs. Debout pour moi-même. Quand j'étais en équilibre, entre ciel et toit, je me sentais vivante dans mon pauvre corps.

J'avais avancé malgré tout, centimètre par centimètre, senti quelques tuiles chavirer. Je m'étais accrochée plus fort à la cheminée bringuebalante. Et si je tombais ? Qui s'en soucierait ? Mes parents seraient effondrés dans un premier temps. Et puis le soulagement viendrait. L'oubli de la culpabilité, le besoin de légèreté. Cela faisait si longtemps que ça durait. Le cœur pour une fois battant, j'avais avancé à tâtons, escaladé encore, les mains tremblantes, et fini par m'asseoir, la fesse glissant sur les plaques de zinc. Autour de moi, rien, à part la chanson du vent. À portée de regard, l'infini lointain. Les lumières parisiennes clignotaient, manège urbain, fragiles lucioles. À quelques pas, l'attirance du vide. Pas de mouvements inutiles, pas de respirations superflues. Toute agitation excessive pouvait me précipiter cinq étages plus bas. Mourait-on avant même de toucher le sol ? Est-ce que l'âme se débattait pour se concentrer sur les doux souvenirs plutôt que sur la peur ? Est-ce que l'interdit permettait d'avoir moins mal ?

La première bourrasque m'avait déséquilibrée. La seconde m'avait connectée à mon âme. La troisième m'avait permis de me tenir debout, non sans mal. Paris à perte de vue avait fait le reste. L'église de la Sainte-Trinité sonnait sur la gauche. Le boulevard des Capucines bruissait sous mes pieds. Personne ne me voyait. Personne pour me dire : « Fais attention, dans ton état, ça n'est pas raisonnable. » L'illusion parfaite d'une liberté absolue. C'est là que j'avais compris. Je n'étais pas folle : j'étais différente. Je n'étais pas dans le sillage qu'on attendait de moi, parce que, sans que je le sache vraiment encore, le hors-piste allait être l'histoire de ma vie. Surtout, j'étais vivante et je me sentais bien. La clé de la guérison ne devait pas être très loin… Cette première ascension m'avait fait comprendre qu'il était temps de sortir de ce cocon dans lequel je m'étais enfermée. Il était temps de partir à l'aventure.

Restait à trouver un but, une quête. Bouger, changer, oui, mais comment ? Guérir, d'accord, mais mon cas avait mis en échec une bonne partie du corps médical. Parfois, je m'en réjouissais. Je n'étais pas une fille facile… Maintenant, je prenais les choses en main, je trouvais ça bien moins évident. Et puis ça m'est revenu en tête.

Un expert plus humain que les autres, ou moins borné, avait émis une hypothèse. Il avait évoqué devant moi les poètes du XIXᵉ siècle, ces romantiques qui avaient mal à l'âme. Perdus dans un sfumato proche de la brume du lac de Côme. Un brouillard du cœur que rien ne semblait soulager. Sauf le voyage. Parcourir le monde et en revenir guéri. Ma mère avait ri. Mon père s'était tu. En moi, ça avait vibré. Partir. Mais où ?

J'aime les lieux à histoire. L'association d'un nom et d'une rue peuvent chez moi provoquer instantanément le début de quelque chose. La place Beauvau inspire un certain respect de l'État. La rue Cambon est liée à jamais au destin de Gabrielle Chanel. Autant de lieux et d'adresses, de coins emblématiques où l'on peut devenir quelqu'un si on s'en donne la peine. Qu'ai-je moi pour commencer ? Une adresse : 12 bis, avenue du Maréchal-Joffre 78800 Houilles.

Je n'aime rien dans cette localisation.

Déjà, le 12, qui n'a pas l'élégance des nombres ronds.

Le bis souligne le fait que mon immeuble n'est pas arrivé le premier. Et ça frustre mon âme de mauvaise perdante aux jeux de société.

L'avenue a tendance à me remonter le moral. C'est forcément grand, chic. Ça rime avec les Champs-Élysées ou la Vᵉ Avenue, tout du moins dans mon inconscient.

Que dire du Maréchal ? Il est l'un des artisans de la victoire des Alliés lors de la bataille de la Marne. Mais à quel prix ? Donner à un stratège militaire controversé un nom d'avenue, c'est, certes, honorer le passé, mais c'est surtout faire preuve de bien peu d'imagination. Sûr qu'on doit avoir une vie plus douce passage Mozart ou rue Colette.

N'importe où sauf dans une impasse… Peut-on avoir un destin à une adresse aussi morose ? C'est ça que je dois découvrir. Et pour commencer : combien sommes-nous à cette adresse ?

Depuis hier, je sais : environ 498 000 occurrences, environ 0,61 seconde de recherche sur Google. Chiffres, localisation, et codes postaux derrière lesquels se cachent des êtres et des histoires. Est-ce qu'ils connaissent les mêmes affres que moi ? La même sensation de rien ? La sensation d'être sans être réellement ? Il faut que je sache. Un, plus un, plus un plus moi. Moi, malade, coincée dans ma ville yvelinoise au nom douloureux : Houilles.

De cette cité-dortoir il n'y a rien à dire. La vie s'organise autour des allers-retours des travailleurs se rendant quotidiennement à Paris. Transhumance de 8 h 45, foule de 19 heures. Entre les deux, le néant. Houilles a ses temps forts : sa brocante en septembre, presque aussi grande que celle de Lille. Sa corrida pédestre en décembre que le maire, au passé sportif, ne rate pour rien au monde. Et puis le 10 mai. Chaque 10 mai, Houilles célèbre Victor Schœlcher, père du décret du 27 avril 1848 abolissant définitivement l'esclavage en France. La ville a une école, une avenue et surtout une maison. Celle où le député de la Martinique a passé les dernières années de sa vie. Férue d'histoire, je m'interroge sur ce choix grotesque. Faire le bien et libérer les hommes de la souffrance pour venir s'installer dans une ville au nom significatif, c'est incongru. Une brocante, une course, une maison, c'était un peu court pour rêver…

498 000 : il faut que je sache. J'ai choisi quatre villes au hasard : Mérignac, Biarritz, Tarbes et La Colle-sur-Loup. Le voyage est né ainsi.

Je veux voir les vignes, la mer. De la Gironde aux Alpes-Maritimes, en passant par les Pyrénées-Atlantiques et l'Occitanie, je vais en finir avec mes doutes. Mes errances. J'ai concentré mes recherches sur eux, j'ai trouvé leur prénom. Je les veux doux comme une promesse.

Joseph, Milo, Marceau et Eugénie. Voilà, c'est là, c'est eux.

Pour me sortir de moi-même, je pars à la rencontre de ces autres « 12 bis, avenue du Maréchal-Joffre » et je saurai ainsi une bonne fois pour toutes si, quand on a une adresse aussi banale, on peut avoir un destin. Au moins celui d'être soi.

Smile

À neuf cent quarante-cinq kilomètres de Houilles via l'A6 et l'A7, Garance se regarde une fois de plus dans la glace. À quarante-deux ans, ce qu'elle sait faire le mieux est de marcher en émettant un bruit de vaisselle cassée. Un cliquetis imprécis, cristallin, parfois à chaque pas. À l'extérieur, rien ne filtre. Avec les années, elle est devenue experte en dissimulation.

Devant le miroir doré, elle se demande qui est cette personne qui lui fait face et qui a l'air si heureux. Qui est ce double de verre, ni tout à fait semblable, ni tout à fait différent. Il la regarde pourtant droit dans les yeux comme pour lui passer un message. Celui, peut-être, d'arrêter de mentir. À elle-même, aux autres. De se prendre en main. Elle a besoin d'aide, elle le sait, le sent. Mais demander de l'aide, c'est comme appeler au secours. Il faut s'en donner l'autorisation, admettre ses failles et ne pas craindre le jugement. Elle n'a pas été conditionnée pour ça.

« Sois courageuse » reste l'injonction qu'elle a le plus entendue. Au final, elle fait avec. Inné ou acquis, elle ne sait plus trop, au fond. Des valeurs d'éducation fortes, de celles qui font rougir, parfois. À son âge, elle devrait être capable de s'en affranchir. D'en rire, même. La concernant, c'est trop tard. Pas de fer rouge, mais un mantra de phrases toutes faites. Un voile qui couvre la réflexion et qui l'empêche de penser autrement. La tête en mode automatique, le corps qui suit et, au milieu, les habitudes.

Garance replace une mèche de cheveux derrière son oreille. C'est une fraction de seconde pour elle. Une introspection nécessaire. Qu'elle ressemble à sa mère… Un instant, son visage effleure la surface translucide. Elle a fait du mieux qu'elle pouvait. Selon elle, travailler dur à l'école permettait de s'en sortir. Le talent et les compétences primaient sur le reste. Aider était prioritaire sur tout. Les autres avant. Les autres toujours. Et surtout, surtout, ne pas se faire remarquer. Garance se souvient de manière floue d'images de la petite enfance. Des pensées troubles où elle gagne des prix de dictée ou d'arithmétique, et où sa mère oscille entre sainte horreur et jubilante satisfaction. Quand on est élevée entre deux rives, « Sois brillante et tais-toi », on s'en sort. Mais on se perd souvent en chemin.

C'est ce que semble lui dire son binôme ce matin dans la glace. « Tu illusionnes parfaitement. Tu coches toutes les cases. Bravo, maintenant, débrouille-toi avec ça. » Avec ce bruit de cliquetis, entre l'assiette brisée et le verre en miettes. Attention à la tasse ébréchée, elle ne va pas tarder à tomber en morceaux.

Encore une journée à tenir. Tenir debout, tenir droite est trop difficile. Ses quatre accouchements ont eu raison de son dos, pas de sa politesse patinée. Elle répond fièrement aux sourires qu'on lui adresse dans la rue. « Quatre, ça n'est pas trop difficile ? » Non, pensez-vous, un jeu d'enfant ! Plutôt que d'éclater en sanglots, elle poursuit son chemin. Le problème d'une petite ville comme la sienne, c'est qu'on ne va jamais loin.

Après avoir déposé les plus petits à la maternelle, elle laisse les aînés à l'entrée de l'école primaire. « À ce soir, mes amours ! » Des bisous collants, des cheveux emmêlés et des cris. La parenthèse se referme jusqu'au soir. C'est l'instant attendu, les quelques minutes pour elle. Un temps qu'elle ne sait pas apprivoiser. Tout ce silence. Cette attention libérée de la contrainte. Pouvoir marcher et dormir éveillée. Ça semble irréel, et pourtant ça recommence chaque matin. Improbable rituel qui ne cesse de l'étonner.

Son bureau n'est pas loin. Quelques pas. Elle traîne par confort. Encore un instant seule au monde. S'arrêter pour ôter quelques graviers imaginaires de ses chaussures. Des blessures, des bobos, elle en a, comme tout le monde. Sauf qu'elle oublie de s'en plaindre. Après tout, elle a un boulot, un mari, des enfants en bonne santé. Elle coche, une fois encore, toutes les cases. Sauf celle d'avoir la sensation de vivre « vrai ». Parfois, elle a l'impression que ses journées ne sont que le résultat du découpage d'un scénariste un peu feignant.

Une population hétéroclite pousse la porte de son bureau d'écrivain public. À chacun sa requête. Des retraités perdus face à une administration trop numérique. Une mamie malvoyante qui entretient les relations avec des amis éloignés. Des habitués des galères qui, au fil de leurs histoires, font évoluer leurs missives. Garance est la messagère de leurs tracas. Son métier lui offre une créativité limitée mais certaine. Écrire pour les autres, ceux qui n'ont pas les mots.

Percepteur, administration, lettre pour le syndicat de copropriétaires. Parfois, on lui demande des lettres d'amour, mais c'est plus rare. Sa clientèle est composée de gens qui ont peur de mal dire. C'est courageux d'avouer cela : « Je n'ai pas les mots, j'ai peur de me tromper. »

Elle s'est rêvée auteure il y a longtemps… Pas forcément une grande. Quelques salons littéraires dans la région. Et peut-être un article dans *Nice-Matin* ? Être vue comme quelqu'un qui porte des histoires, les fait pousser et les partage. Procurer des émotions contradictoires, rencontrer ses lecteurs… Rattrapée par le quotidien, les couches, l'absence de soutien, elle a fait avec, elle a fait autrement.

Elle est l'héroïne du coin. La maman parfaite d'Adélie, Solal, Abel et Margot. Dix, sept, quatre et deux et demi. Son drôle de loto. Confusion de dates et d'anniversaires. Passage de vêtements de l'un à l'autre comme on se passe un relais. Amours d'enfants qui n'imaginent pas une seconde les tressaillements qu'ils lui procurent. Elle se serait bien vue à la tête d'une tribu de filles… Elle a appris à être mère de garçons. Son cœur a grandi à mesure pour eux. Ça a été plus ou moins facile et immédiat. Ils sont sa fierté, mais cela ne lui suffit plus.

Garance veut de l'attention. Et du sommeil. Un peu d'amour. Un événement qui la remette au cœur de sa vie.

Elle ne pense pas à son mari à l'instant précis de cette muette confrontation avec elle-même. Ils sont comme un disque qui tourne en boucle. Pas plus tristes que les autres, au bout du compte. Garance veut de la folie. Une folie douce. Du quotidien en mieux. Dire « Je t'aime » et que cela puisse avoir du sens. Elle n'a pas envie d'un autre homme dans sa vie. Re-séduire, re-plaire, renouveler les efforts, les sacrifices, l'énergie des débuts, c'est à l'opposé de son état du moment. Ce qu'elle veut : quelque chose qui lui fasse comprendre qu'elle aussi est unique. Peut-être même exceptionnelle. Elle veut des timbres pour l'autre bout du monde. Des histoires épistolaires qui puissent frémir sous sa plume. Des vies bousculées à jamais.

Elle en est là de ses réflexions quand son premier client pousse la porte. Un dernier coup d'œil dans le miroir… La grande brune aux cheveux longs, visage anguleux et regard noir est toujours là. Vêtue d'une blouse rouge, d'un jean brut et d'une simple paire de baskets, elle attend. Un signe, un geste, un pas de côté. Bref, que la Garance de chair et d'os sorte d'elle-même, de tout ce rien. Au fond, elle semble dire, elle aussi, qu'elle souhaite plus de lettres d'amour.

Je dois m'en aller

J'ai répété devant ma glace un argumentaire développé. Il faut bien ça pour essayer de les convaincre. En enchaînant les mots avec du poids. Au-delà du sujet, verbe, complément. Quelque chose de plus lourd que mon corps.

Quelle bizarrerie que d'avoir la sensation de plaider sa vie. Si ma relation avec eux était saine, je ne ferais pas de cette annonce un enjeu aussi crucial. Je sais déjà que ça ne passera pas. Partir battue est un art dans lequel j'excelle. Sauf que, depuis peu, je refuse de m'y soumettre. Rien ne s'oppose légalement à cette escapade. Rien ne peut l'empêcher. Je me raccroche à la loi. À ma majorité m'offrant l'indépendance, plus qu'à des années d'hypocondrie parentale entachée de mauvaise foi. Certaines décisions structurent une vie. Je sais que celle que je prends est de celles-là. Sans mélo, bien sûr. C'est moi qui coupe le cordon.

Respirer, y aller. De toute façon, cela ne va pas distendre davantage des liens conditionnés à un sourire ou à une moue dubitative à la lecture d'un bilan sanguin. Quoi que je fasse, ça ne va pas. Je ne vais pas chercher une approbation. Je m'affranchis de tout cela ; j'ai juste besoin de sortir les mots.

« Ce qui ne s'exprime pas s'imprime. » J'ai noté cette sentence sur un post-it collé au-dessus de mon lit. Je crois dur comme fer à cette phrase dont on peut faire une ritournelle. Une chanson de cour d'école. Je suis devenue ce sac d'os sans cœur. Vous pouvez me secouer, rien ne sort, ni larmes ni sourires. Ce mal a coulé dans mes veines, ma peau. Je suis devenue ce mal parce que plus rien ne sort de moi. Je me suis condamnée, et on m'y a un peu aidée. Partir est un excellent moyen pour qu'on se libère tous. Ce qui est bien, quand on passe comme moi son temps à penser, c'est qu'on imagine tout. Le pire et son contraire. On se joue la scène plusieurs fois en changeant de ton. En y injectant quelques didascalies. En exagérant, en ajoutant du drame. La vérité de l'instant n'est pas suffisante.

Ça me rassure, d'inventer et d'imaginer. Ça rend déjà cette conversation moins douloureuse. Je ne me fais aucune illusion. Je connais par cœur le champ lexical de chacun d'eux. Mon père dans l'inquiétude constante et la culpabilité. Ma mère dans le déni avec une bonne dose de moquerie qui blesse. J'ai beau y être habituée, ça fait toujours aussi mal. Eux aussi ont tant imprimé leurs angoisses qu'ils ne savent me servir que ça. Il n'y a pas de mépris, pas de méchanceté dans mes propos. Je ne veux pas les blesser, mais mon état les a mis tous les deux dans une position hégémonique. Des dieux vivants. Ils ont tellement pris leur rôle de soignant à cœur que l'un et l'autre ont oublié qu'avant tout ils étaient humains, parents, amoureux, amants. Qu'ils étaient capables de se défaire de ces mines graves et grises et sur le qui-vive. C'est un peu ma faute, au fond, je leur ai laissé la liberté d'exprimer ce qu'il y avait de pire en eux et en moi. Je me suis laissé sécher par le doute, par la peur. Cette atrophie des sens, il fallait la faire voler en éclats tout de suite. Tout dire, vite. Les sonner par l'annonce et partir prendre l'air.

Si je commençais par descendre l'escalier ?

Ils sont là, chacun plongé dans un livre. Laurence et Laurent, image du couple parental modèle. Prénom double pour ne signifier qu'un. Douce illusion de symétrie. À quelques lettres près, c'était l'osmose. À moi près, c'était parfait.

Un fond sonore ronronne chez nous, chez les voisins, dehors, peut-être. J'imprime cette image en moi. Eux sur le canapé. Moi debout. Et un air de jazz. Le calme apparent que je vais faire voler en éclats. Je suis enfin responsable d'un événement. C'est un progrès en soi de le reconnaître. Je suis capable de créer des réactions chez les autres. Même si c'est pour faire naître une suite indéfinissable. Ils ne lèvent toujours pas la tête. Comme habitués à ce que je sois là sans rien dire. Sans rien faire. Je pourrais crier, hurler, rien n'y ferait. Je suis un gentil fantôme. Avec un peu plus de matière autour.

Parce que je les aime mal, je pars. Parce qu'ils ne sont plus capables de m'aimer bien, je pars. Voilà, c'est si simple, dit comme ça.

— Maman, papa, je pars.

Un souffle court, un murmure. Ressaisis-toi, Léa.

— Je pars.

— Tu vas chez quelqu'un ?

— Non, je pars pour des vacances. Seule.

Un premier livre se ferme, le regard de mon père me frôle amicalement.

— Mais pourquoi ? Tu es sûre que tu vas bien ? Il faudrait peut-être en parler à ton médecin d'abord.

— Je vais bien, papa. J'ai un projet de voyage. Le moment est venu, je crois.

Maman ne moufte pas. Un rictus se dessine sur ses lèvres.

— Et où pars-tu ? On peut savoir ?

— Rencontrer d'autres gens qui habitent au 12 bis, avenue du Maréchal-Joffre. Je veux savoir si avec une adresse aussi banale on peut avoir un destin.

— Absurde.

— C'est ton point de vue.

Se battre ne sert à rien. Devant ma mère, il faut juste tenir bon. Tenir la corde, la chaise, n'importe quoi permettant de ne pas tomber à terre. Sinon, vous êtes bon pour vous faire écraser.

Il n'y a rien d'étonnant. Ma mère est une amazone prête à dévorer sa progéniture. C'est comme ça depuis toujours. Enfin, depuis quelques mois. C'est peut-être le début d'une explication. Je sens dans le coup d'œil de papa un soupçon de panique. Papa… Depuis combien de temps n'ai-je pas prononcé ce nom en entier ? Selon les humeurs c'est « pa », « pap », « dad ». Mais papa, non. Trop d'engagement, peut-être, trop d'émotion, sûrement.

— Enfin, Léa, tu es sûre que c'est bien raisonnable ? Je veux dire : dans ton état et tout. Que tu partes, je peux comprendre, mais ça me semble bien aventureux de faire ça maintenant, tu vois ?

Oui, papa, je vois. Je vois le vide qui s'ouvre à tes pieds. Je sais que tu imagines les perspectives d'un été sans nos promenades silencieuses. Nos détours par la plage, ton bras autour de mes épaules. Je sais tout ça, et le reste. J'abandonne la partie, pour une fois, ça va être à toi de jouer.

— Je vais bien, je vais bien mieux. Ça n'est peut-être pas raisonnable, mais la raison n'a pas sa place dans ma décision. Je n'en peux plus, d'être raisonnable. J'ai besoin d'autre chose, d'air, en réalité...

Ma mère lève enfin les yeux. Premier round, les coups vont pleuvoir.

— Enfin, Léa, tu comprends bien ce que veut dire ton père ? Tu penses vraiment pouvoir te débrouiller toute seule du haut de tes quarante-cinq kilos toute mouillée ? Et puis qui sont ces gens que tu vas voir ? Tu te rends compte de ce qu'il peut t'arriver ? Tu veux nous faire mourir d'angoisse tout l'été ? C'est encore ta façon de me punir ? De me faire comprendre que ta maladie est de mon fait ? Tu ne penses pas que ça suffit ?

Elle me regarde, jauge son effet. C'est étrange. D'habitude, c'est plus subtil. Plus fin dans les attaques, plus rythmé dans le jeu. Maman maîtrise son sujet, et pour cause. Aux premiers temps de la maladie, quand cette dernière frappait de manière insidieuse, des médecins maladroits l'ont chargée de mauvaises intentions. On a longtemps lié mon étrangeté à ma mère. Parce que, cette forme d'anorexie (pas de sourires, plus d'émotion), c'était forcément de son fait. Longtemps, on a accablé les mères du manque d'appétit de leurs filles. Je crois qu'au fond elle ne s'en est jamais remise. Depuis, je suis son amour et son fardeau. Depuis longtemps, c'est la deuxième fonction qui l'a emporté.

Retour à la joute.

— C'est important pour moi. Je ne veux pas vous rendre malheureux, tout du moins, pas plus malheureux que vous ne l'êtes déjà. Je pars parce qu'entre nous c'est compliqué. J'ai besoin de temps et d'espace pour essayer de faire renaître notre lien.

— Bien sûr, et des inconnus vont t'aider mieux que tes propres parents. Tu parles d'une reconnaissance du ventre ! Nous t'avons toujours tout apporté sur un plateau. Nous avons tout donné pour toi sans compter, et c'est comme cela que tu nous remercies !

Elle se lève, elle éructe. Elle marche pour retrouver son calme. Même de dos, je peux la sentir perdre pied. Ne plus m'avoir sous la main sous-entend qu'elle va avoir du temps pour autre chose. Que faire de toutes ces secondes à contrôler mon assiette, ma tension, mon teint ? Vérifier si j'ai bien dormi, si je respire, si je suis fatiguée. Je vois le flot des heures devant mes yeux s'amonceler. Des minutes, des demi-heures, tout ce temps enfin pour reprendre sa vie en main. Elle se rend compte qu'elle a oublié. Qu'elle ne sait plus. Et cet aveu la rend folle. Bien sûr, elle ne me le dira jamais. Papa, lui, a déjà replongé dans le silence. Il pense si fort que je l'entends. Être de nouveau deux, quelle perspective angoissante. Plus personne d'autre sur qui concentrer son attention. C'est vertigineux.

— Je sais que vous faites beaucoup quotidiennement pour moi. J'ai besoin de me prouver que je peux avancer seule, maintenant. Voyez ça comme un symbole de ma guérison.

— Guérie, tu te penses vraiment guérie ?

Elle hurle, désormais. Si je vais mieux, c'est elle qui va aller mal. Elle tombe de son piédestal et c'est ma faute. Elle tente de s'accrocher au bloc de fer, elle le griffe de ses ongles, mais c'est sans fin.

— Oui, maman, je prends cette décision d'être guérie. Terminé, l'enfant malade. J'assume mon état. Comme j'assume de ne plus en vouloir. Ou plutôt d'en vouloir plus. J'étouffe, je n'y arrive plus. J'ai besoin de ce voyage, j'ai besoin de vous quitter.

— On te donne tout et tu étouffes, c'est beau.

— Maman, essaie de comprendre…

— Je ne comprends que trop, tu avoues, tu avoues enfin que tout cela n'était qu'un jeu, une comédie. Que tu as voulu toute l'attention pour toi et que maintenant tu n'en veux plus. Tu as tout gagné et tu pars. Tu as tout pris et tu fuis. Bravo, ma chérie, tu es prête pour la vie d'adulte.

Je n'imagine pas la vie d'adulte comme une succession de petits arrangements. Je vois plutôt ça comme l'occasion de s'assumer complètement. En y regardant de près, devant papa et maman, je me dis qu'au fond mon analyse n'est peut-être pas la bonne. Quand on aime trop, on peut aussi manquer de lucidité.

— Maman, les analyses de sang ne mentent pas. Mon état est réel. Je décide juste aujourd'hui qu'il ne conditionnera pas toute ma vie. Je veux aussi aller mieux pour que vous alliez mieux.

— Mais nous allons très bien, que sous-entends-tu ?

Le déni, encore. Ça ne devrait plus m'étonner, et pourtant. Sûr que Camille Claudel aussi a tenté d'expliquer son état, son malheur, sa condition, et crié son envie de s'en sortir. Sa famille n'a rien voulu savoir. Nous ne sommes plus en 1913, mais cette hypothèse me fige. Ne rien dire, ne rien montrer, cette faille, je la cache dans ma poche avec des tonnes de mouchoirs dessus. De toute façon, j'aurai mon bon de sortie parental s'il est entériné par un avis médical. Je connais trop bien mes parents. Ça ne loupe pas.

— Tu veux partir ? Très bien, pars, mais tu iras d'abord faire le point avec ton médecin. Si ce dernier autorise ta folie, je ne m'y opposerai pas. Ah, une chose : quand tu auras besoin de nous, n'appelle pas. Tu veux guérir, alors apprends à te passer de nous.

Elle quitte la scène plus que le salon et claque la porte. Recluse dans sa chambre, je l'entends marmonner. Ânonner, presque.

Papa reste là, sur le canapé, son livre fermé. Je me dis qu'il va le rouvrir comme si de rien n'était. Comme si je n'étais pas là, comme si la crise n'avait pas eu lieu. Mais pour une fois cette crise le concerne directement. Sans moi avec lui, il va se retrouver seul avec elle. C'est une première, il prend conscience de mon utilité. J'ai été le doudou de mon père. Le truc mou et doux contre lequel il pouvait se réfugier. Il pensait me sauver, mais c'est à lui qu'il faisait du bien. Il le sait, je le sais, maman le sait, et c'est pour ça qu'elle me déteste. Elle ne supporte pas l'amour qui fuit loin d'elle. Loin d'eux. Ils refusaient de se l'avouer tant que j'étais là. Maintenant, tout éclate, tout est visible. Nous le savons, mais nous ne disons rien. Est-ce vraiment moi, la malade ?

— Léa, tu es sûre que c'est une bonne idée ? Ta mère a peut-être raison après tout…

Son manque de courage m'épuise.

— Papa, ça n'est pas une bonne idée, c'est l'idée qui va me sauver la vie. Je ne peux pas. Je ne veux pas finir comme ça…

— Comme moi, tu veux dire ?

— Chacun ses armes. Je n'ai pas ta constance.

— Mais tu as autre chose.

— Je vais le découvrir. Je finirai peut-être encore plus mal, tu sais.

La peur. Tiens, ça faisait longtemps qu'elle n'était pas passée par un coin de mon cerveau. Mais quelle vacherie, quand on y pense. On est là, sûr de soi, heureux d'avoir géré plutôt correctement un énième affrontement, et, au moment où on s'y attend le moins, bim ! Prends-toi ça, ma grande. Tu veux partir, hein, tu rêves d'indépendance ?

Mais vas-y, la porte est là ! Au fait, si tu te plantes, tu seras toute seule, vu ? Te voilà prévenue, maintenant : fais avec.

Papa vient d'ouvrir les bras. C'est le signal que je guettais. Il caresse maladroitement ma tête. Ça cogne fort, là-dedans. Et à tous les étages, en plus. Dire que c'est moi qui provoque tout cela ! Je suis capable de faire bouger les lignes. Il tente quelques mots :

— Où vas-tu ? Tu ne pars pas tout de suite, hein ?

Je lève les yeux au ciel, non pas d'exaspération. Il comprend.

— Sois prudente. Je sais que tu ne veux plus entendre ça, dis-toi que c'est un encouragement avant ton voyage.

Emmagasiner de la confiance, l'idée me plaît. En attendant, je grimpe, encore, encore, vers le seul endroit où je n'étouffe pas. Là-haut, c'est déjà une autre ère. L'après-midi n'a pas un goût de soufre. Le ciel est clair. Je peux voir Paris sans avoir à deviner les monuments. Je l'ai fait, j'ai affronté et assumé une décision dont je me disais encore il y a quelques instants qu'elle était vaine. Je suis une petite chose en mouvement.

La toiture vibre de ma joie nouvelle. Les tuiles orangées chauffées par le soleil m'accueillent, moi et ma fierté, avec bienveillance. J'exulte en silence. C'est un début. Je sors ma liste de ma poche. Il y a leur nom et leur adresse. Dans quel sens vais-je commencer mon périple ? Est-ce que je leur envoie un mail pour prévenir de mon arrivée ? Je ne suis pas une amie, et encore moins un parent proche. Et puis un mail pour leur dire quoi ? « Bonjour, je m'appelle Léa, nous habitons à la même adresse, j'ai envie de vous rencontrer » ? Idiot et risqué. Le meilleur moyen de ne pas arriver à bon port. Non, je vais faire ça à ma manière. En apprivoisant leurs regards et les questions qui viendront forcément. Je suis déjà plus heureuse qu'il y a vingt minutes. Je vais garder ce sentiment au chaud pour imaginer la suite.

Black Sun

Milo… Il arrive qu'on la prenne pour un garçon. Un garçon blond avec des traits fins. Des cils extensibles et une bouche ourlée. Il n'y a bien qu'en devenant mannequin qu'elle était sûre qu'on la laisse tranquille. Modèle mains et pieds. Une femme en kit. Ses mains et ses pieds voyagent avec elle. Parfois sans elle. Une séance photo ici peut être retravaillée à New York ou Hong Kong. Il lui arrive parfois de ne pas se reconnaître. Plus blanche, plus affinée, avec des doigts allongés à l'infini… Elle se demande quel genre de monstre elle serait en mettant ces clichés retouchés bout à bout.

Milo appartenait à la catégorie de ceux dont le prénom est déjà toute une histoire. « Comme la Vénus ? » Elle se disait que les autres manquaient cruellement d'imagination et de références. Il en allait sûrement de même quand on se prénommait Alma. « Alma ? Comme le pont ? »

Elle s'embarquait parfois dans une explication. Ses parents étaient simplement fans de la comédie musicale *Un Américain à Paris* et étaient tombés sous le charme du personnage de cette riche Américaine, Milo Roberts, qui s'éprend de Gene Kelly. Milo avait des parents puristes. Une grande blonde en fourreau comme Nina Foch leur parlait davantage que Leslie Caron et ses dents en avant. C'était du moins ce qu'ils lui avaient dit.

Milo se retourne, cherche une position confortable sur le côté. Dénoue son haut de maillot blanc, qu'elle jette négligemment sur le sol. Il atterrit entre deux cactus. Plus tard… Elle ira le récupérer plus tard.

Le nez dans le coussin, elle repense à Alma. Les gens savent-ils qu'avant d'être un monument c'est un fleuve en Crimée qui a donné son nom à une bataille ? Ou encore un terme qui désigne l'âme en espagnol et en italien ? Une plage à Tel-Aviv, une ville du Colorado, un village du Nouveau-Brunswick ?

Milo était comme ça. Là où on ne l'attendait pas. Un esprit dans un corps. On ne s'attachait pas à son intelligence. Quoi ? Ça pense, une jolie fille ? Milo aimait dissimuler, laisser deviner, ne pas se livrer. Poser avec ses mains et ses pieds, c'était sa manière de ne pas tout donner. Être un puzzle, une énigme à prénom court. Elle était tout ça et plus encore. Source d'attraction et de répulsion. Elle agaçait et étonnait. Attachée à l'océan plutôt qu'au bitume, elle composait ce personnage source de fantasmes et laissait faire.

12 bis, avenue du Maréchal-Joffre à Biarritz.

Elle avait acheté ce bloc de béton, un parallélépipède rectangle seventies. Un blockhaus blanc graphique et protecteur. À l'intérieur, c'était une autre histoire. Elle avait tout aménagé selon son goût. Du béton, du bois, du bleu. À chaque pièce son harmonie : Klein, outre-mer, électrique. Le bleu était son blanc. Elle avait vaincu sa peur principale, celle de ne pas avoir de toit sur la tête. Cet être composite avait besoin de protection. Elle aurait pu mourir demain que ça ne lui aurait fait ni chaud ni froid. Ces murs étaient à elle. Il y avait une constante dans ces pièces. Pas de miroirs, nulle part. Se contempler, c'était se perdre. Il y avait forcément quelque chose derrière le miroir. Une autre réalité. Milo imaginait un abîme où se perdaient les regards. En studio, devant un maquilleur, Milo fermait les yeux pour ne les rouvrir que face à l'objectif. Si elle avait le malheur de se voir dans une glace, elle plissait le nez et croisait les doigts trois fois derrière son dos comme pour conjurer un mauvais sort. Derrière la vitre se cachait un monstre prétentieux qui absorbait la beauté vraie pour ne laisser que des illusions. Cette certitude la poursuivait depuis l'enfance.

Milo était née pour procrastiner. Elle n'avait jamais compris l'urgence que certains avaient à vivre. Avaient-ils, de façon trop nette, la certitude que le temps file et que tout peut s'arrêter d'un souffle ? Elle, pas. Quand elle partait pour un tournage ou des photos, elle se sentait éreintée des autres. Leur énergie et leurs attentes. Pourquoi devait-elle tant donner quand eux avaient le désir si pingre ? Déracinée, soufflée sur place. Elle alternait entre angoisse et asphyxie. Manque d'air, manque de lignes de perspective. Sur sa plage, l'horizon en ami, Milo était au bon endroit. Le vent tourbillonnait et l'entraînait. En ville, elle était clouée sur place. Amputée de son charme. Elle se ternissait à mesure des jours et des prises. Milo était casanière. Dans un monde idéal, elle aurait fait toutes les séances photos chez elle… Mais accueillir le monde dans son univers aurait fait se fendre la bulle.

Une fois rentrée, elle prenait la direction de la plage. Souvent en fin de journée. Elle se déshabillait entièrement et se jetait dans l'océan pour se laver de ce qui n'était pas elle. Des émotions qui s'étaient accrochées et qui la polluaient. Des sourires qu'on lui avait adressés et dont elle ne voulait pas. Du désir qu'elle avait pu susciter et qui l'indifférait. Elle nageait, plongeait, se noyait volontairement. Quand elle perdait pied, quand elle sentait le courant d'une baïne, elle se débattait plus fort pour renaître et pour s'échapper. Son corps paniquait et son cœur aussi. Elle battait plus vite des pieds pour fuir cet univers liquide qu'elle aimait tant. Il n'y avait que sur la plage, quand elle reprenait son souffle, qu'elle savourait pleinement sa chance d'être en vie. D'être au bon endroit, hermétique au monde et à ses bruits. Milo savourait sa solitude, sa douce folie et son goût pour l'ennui. Elle enfonçait ses pieds dans le sable mouillé, observait ses jambes fines, ses hanches étroites, sa taille marquée, ses petits seins. Ses cheveux blonds et ses yeux clairs. Les taches de rousseur disséminées sur son nez. Ses mains se perdaient dans les algues, arrachaient le mucus. Elle les faisait disparaître dans les éléments marins. Elles savaient que c'était pour leur bien.

Sa sauvagerie, sa liberté. Les photographes en raffolaient. Milo comprenait le pouvoir qu'elle exerçait sans toutefois le maîtriser. Avec les hommes, elle avait souffert, une fois, deux fois et puis n'avait plus eu envie d'être bouleversée. Trop douloureux, aucun intérêt. Elle était en harmonie avec certaines fulgurances. Le reste lui importait peu. Elle aspirait à une tranquillité opposée à son jeune âge. Ses vingt-cinq ans auraient pu être un appel à une fête sans fin. Milo aspirait à l'opposé. Le rien, le silence. Elle aimait se perdre en elle-même. C'était le voyage le plus sain qu'elle pouvait s'offrir, elle qui connaissait Hong Kong et New York sans les désirer. Elle pouvait avoir le monde, elle se voulait elle tout entière. Sincère et juste. L'extérieur et ses troubles restaient à sa porte. Milo n'avait pas de capacité d'accueil. Elle avait l'ancrage du vide. Dans le rien, on n'était jamais déçue.

Travailler depuis Biarritz restait le meilleur moyen de ne pas rentrer dans le moule. L'art encore de ne pas faire comme les autres. Des efforts, pour quoi faire ? Milo avait rapidement saisi que l'adaptabilité nécessitait plus qu'on ne l'imaginait. Longtemps, elle avait voulu être aimée coûte que coûte. Un jour où elle avait été écorchée plus que de raison, elle avait décidé de plus rien attendre et d'avancer pour elle. Quitte à ne pas plaire, à être moquée. Elle était tour à tour son meilleur agent, sa meilleure amie. Elle imposait ses conditions, quitte à travailler moins. Connectée à son cœur pour ne plus y laisser pénétrer n'importe qui. Ça n'empêchait pas les douleurs, bien évidemment… Milo les acceptait, grandissait avec. Essayant de se pardonner de se les être infligées. Elle avait encore du mal à pardonner aux autres. Elle essayait, mais souvent son esprit frondeur reprenait le pas sur ses bonnes intentions.

En se préservant des autres et de leurs sens, Milo se soignait. Âme ancienne dans un corps de femme, elle composait un drôle de personnage désormais alangui sur le dos, offrant ses seins au doux soleil de la fin de journée.

You Say

— Est-ce qu'on peut mourir d'être mal aimée ?

Je suis heureuse de le revoir. Ce médecin bonhomme, ce médecin rêveur. C'est lui qui m'a parlé du sfumato italien, du romantisme, et de ce voyage d'apprentissage. Lui va me comprendre. Je suis venue chercher mon bon de sortie. Ma validation médicale. Le coup de tampon nécessaire pour me libérer des appréhensions parentales. Le nez dans mes dernières analyses, il ne me regarde pas.

— Tu te considères comme mal aimée ?

Piège à 2 heures, ne pas tomber dedans.

— Je commence à m'aimer, c'est pour ça que j'ai besoin d'air. S'apprécier un peu, c'est aussi se laisser une chance de ne pas étouffer pour les autres et par les autres.

— Tes parents ?

— Eux ou d'autres, c'est pareil, au fond. Quitte à mourir d'amour, autant choisir son bourreau…

— Tu as conscience que, si je donne mon accord, tu seras seule pour avancer. Pas de filet, cette fois.

— Je ne demande pas qu'on me tienne la main, vous savez…

— Une question : pourquoi le 12 bis et pas Florence ou Lisbonne ?

— Le budget.

— C'est tout ?

— J'ai besoin de les voir et de savoir.

— Savoir si tu as un destin ?

— Entre autres.

— C'est évident, Léa.

— Pour vous. Moi, j'en doute. J'ai besoin de matérialiser les choses. De rendre visible. Le reste n'existe pas.

— L'infini pour terrain de jeux…

— Non, juste me prouver que je suis capable de sortir de l'espace bien délimité qui est le mien depuis… J'ai arrêté de compter. D'y aller pour moi, pour une fois. Je suis comme les chats, je n'aime pas les portes fermées. Il fallait un déclencheur, je l'ai eu, maintenant, je saisis ma chance. J'en ai marre d'avoir froid à l'intérieur.

— Et ce déclencheur, c'est… ?

— Ma vie en l'air. Les toits m'ont sauvée. Je suis faite pour les équilibres instables. J'ai compris que, si je voulais museler les doutes, il fallait que je change de point de vue. En haut, je n'ai peur de rien. Je ne suis plus la malade, celle dont il faut surveiller le taux de globules blancs. Je suis juste une fille courageuse qui remet sa vie en jeu à chaque escalade. C'est là que je sais que je ne suis plus cette personne qu'on veut laisser dans une case. Je veux vivre, mais comme je l'entends. La mort m'a tentée, j'ai trouvé ça « limite », comme expérience. La vie est plus vertigineuse dans les faits.

Il ne dit rien, il prend des notes, je sais qu'ensuite tout va être pesé, noté, analysé. Il sourit derrière sa moustache. J'ai déjà un pied dans le train.

— Tu sais, Léa, depuis le temps que je te connais, j'ai un peu l'impression de faire partie de ta vie.

— C'est le cas. Une drôle de partie, même.

— J'ignore si tu es guérie aujourd'hui, néanmoins, je mesure ton besoin d'éclosion, ton envie de te pousser plus loin. Alors tu as mon autorisation. Tu vas aller au bout de ton rêve. N'en tiens pas compte, mais je suis fier de toi. Du chemin accompli, des pas de géant, de tes progrès. C'est ton printemps, Léa, ne laisse personne te le gâcher. Sois fière de ce que tu entreprends pour toi. Je répète souvent à mes patients que, tant qu'ils n'agissent pas pour eux, rien de bon ne peut advenir. Tu as trouvé la clé en toi, c'est admirable. Non, ne pleure pas, rayonne !

Je ne m'attendais pas à tant de compliments. Les larmes coulent, sans tristesse. Il semble que je puisse être fière de moi. Sensation incongrue.

— Tu fais le choix de sortir de ta condition. Tu fais le choix d'aller mieux. Rien ne peut agir sur ces facteurs, ni mes conseils ni tes parents. Tu es ton soigneur bienveillant. Ton médecin idéal.

Les yeux mouillés, j'écoute. Je me suis attendue à tout (ma sacro-sainte capacité à imaginer le pire), mais alors là… Classe internationale. Laissez-moi passer, je grimpe sur le podium de l'estime. Imaginer la suite me terrifie de joie. La tête de mes parents à l'annonce de la sentence. Quand je pense qu'ils envisageaient ce rendez-vous comme l'ultime moyen de me condamner à la Bretagne estivale. J'ai les deux pieds dans le train et ma valise à la main. Direction l'ailleurs, direction moi-même.

Il continue d'écrire, je regarde mes mains, mes bras, si fins qu'à une époque je pouvais nommer mes os sans ciller : scaphoïde, lunatum, triquetrum, radius, carpe et métacarpe. Je vais découvrir une autre géographie. De mon existence imparfaite, je tisse un nouveau canevas. Enchevêtré et bordélique, certes, mais j'ai l'aiguille à la main. Ça changera des intraveineuses. La question qui se pose maintenant, c'est ma capacité à trouver des billets de train en pleine grève perlée de la SNCF. À chacun son égoïsme. Ils veulent conserver leurs droits. Je prends le mien, inaliénable, à être en vie. Enfin, c'était un détail. Je trouverai.

Ma première étape ? Mérignac. J'ai toujours ma liste dans ma poche. Je sors le papier froissé mille fois, jette un regard au prénom que je connais par cœur. Joseph. À quoi ressemble-t-il ? J'imagine un grand-père bienveillant qui fume la pipe. Même si les images de la maison découverte sur Google Street View m'incitent plutôt à penser à un squat de punks à chiens. J'ai vu les grandes palissades, la maison sans charme et peut-être, derrière, un jardin. Je ne sais pas, l'image était trop mauvaise. La zone pavillonnaire ressemblait beaucoup à ma rue. Mauvais signe. Pourtant, je sais qu'en franchissant la porte, je trouverai quelque chose de grand. Et puis, s'il n'y a rien, j'irai voir ailleurs, un peu plus loin vers Biarritz.

Finalement, identifier quatre autres habitants me laissait la possibilité de quelques portes qui se ferment. Je verrais la victoire dans l'ouverture. Ce qui découlait derrière, je n'avais au fond pas tellement la main dessus. Provoquer des réactions, j'en étais désormais capable. Laisser les autres les accueillir restait du domaine de la nouveauté. Regard au médecin, encore. Qu'il semble long, ce bon de sortie... Je suis dure. Ça n'est pas un message d'enfermement, c'est le premier pas vers l'aventure. Je clos là mon aventure parallèle avec Camille Claudel. L'avait-t-on laissée lire la missive médicale la condamnant à l'enfermement ? J'en doute.

Adieu, Bretagne, bonjour, Sud-Ouest.

Le stylo reste en suspens. C'est maintenant que tout commence. De la période où j'étais malade, j'entends encore quelques paroles ineptes murmurées çà et là par les autres. Comprenez : les autres filles comme moi. « Comme tu es courageuse, Léa, moi, je n'ai pas la force. » Courageuse. La vaste blague. Ce mot m'a agrippée pour ne plus me lâcher. Courageuse parce qu'au fond je n'avais pas envie de mourir. Je ne colle pas ce qualificatif à cette action de bon sens. Franchement, j'aimerais qu'on me dise autre chose. « Tu es belle », par exemple. Ou bien « Tu es drôle », ou encore « Léa, j'adore ta folie. Tu es inoubliable et bouleversante ! » Mais non. Courageuse. Quand je me regarde dans une glace, c'est rare, mais ça arrive, je ne vois pas ça. Je ne vois pas grand-chose, d'ailleurs. Je crois que j'aurais adoré être lâche. Ça doit tout changer. La vie, les autres n'ont pas d'emprise sur vous. Tout glisse, rien n'accroche. La vraie liberté commence ici. En devenant une toile cirée. Alors que moi je me suis battue, je me bats pour tout. Rien n'arrive jamais sans effort. Je pourrais y voir l'application à la lettre de mon éducation judéo-chrétienne. En ce moment, j'y vois plutôt un sacré manque de bol d'être ce que je suis. Et, quand je n'aime plus, j'évolue, à défaut de changer. Courageuse, donc, je ferai avec. Même si c'est pesant.

— Allons chercher tes parents.

Le couperet, la danse de la joie, c'est pour dans quelques secondes. D'ici là, se taire et laisser faire. *Le* laisser faire. Sachant que mon argumentation n'a pas plus de poids qu'une simple brindille, je m'oublie, et eux avec. Je laisse faire le *sachant*.

Nous voilà tous les trois assis. Famille en rang d'oignons. Silencieuse. Tête basse pour mon père, iris ardents de ma mère. Moi, je suis à mi-chemin. Je dodeline et fredonne à voix basse un air gai. Ne pas montrer trop vite que tout est acquis. Ne pas éveiller de soupçons. Courageuse, vous avez dit ?

— Bien, je me suis longuement entretenu avec votre fille sur sa démarche et son projet. Après analyse de ses bilans médicaux et discussion, sachez que je ne m'oppose pas à son départ.

— Pardon ?

Maman, vive maman, qui comprend que la situation est définitivement derrière elle.

— Vous allez laisser partir une adolescente à la rencontre d'inconnus ? Quel degré d'inconscience vous habite ?

— Madame, mon avis est médical. Le vôtre, viscéral. À votre sens, où se situe le niveau d'objectivité ?

On ne lui parle jamais comme ça, à ma mère. Ça la souffle le temps d'une respiration.

— Mais enfin c'est insensé. Il y a encore peu, elle tenait à peine sur ses deux jambes. Nous lui avons tout passé. Notre vie est devenue la sienne. Et là vous la laissez filer sous prétexte de sa bonne mine et de quelques grammes de plus sur la balance ?

— Non, je la laisse partir car son désir est clair, et son projet, structuré. Léa a conscience des possibilités. Des siennes. Ce voyage n'est pas fait pour vous prouver quoi que ce soit. Léa part pour elle, pour créer son bonheur et guérir à sa façon. Vous comprendrez qu'en qualité de soignant je ne peux qu'encourager cette démarche.

— Mais vous plaisantez, j'espère. Regardez-la. C'est une jeune femme décharnée, maladive. Elle ne sort que rarement de la maison. Son étrangeté dérange. Et vous pensez réellement que je vais autoriser cela ?

— Madame, votre autorité ne rentre pas dans la balance. Léa est majeure. Par ailleurs, vous avez sollicité un avis médical. Je vous l'ai donné. Enfin, pardon, mais, quand j'entends les mots par lesquels vous la qualifiez, je comprends son besoin d'air.

Rire maternel qui n'a rien de tendre. Elle me prépare la désormais classique scène de la mère meurtrie :

— Oui, j'oubliais la grande capacité des médecins à rendre coupables les mères des maux de leurs enfants… Si Léa est comme ça, c'est forcément plus ma faute que celle de son père. C'est ma faute, à moi qui n'ai pas voulu un autre enfant. Ma faute si elle est seule. Encore ma faute, bien sûr, si son sourire s'est envolé du jour au lendemain. Et toi, bien sûr, tu ne dis rien.

Je pensais le coup pour moi. Raté, il tombe à quelques centimètres de ma chaise. Encaisse, papa.

— Écoute, tu souhaitais un avis médical, nous l'avons. Si le médecin estime Léa capable, il faut la laisser faire.

— Solidarité masculine, je présume ?

— Rien à voir. Si ce voyage permet à notre fille de s'en sortir, je dis que ça vaut le coup.

Regard de côté vers moi, petit sourire, presque vrai. Et début de caresse sur mon épaule. Le brouhaha continue. Il est là, bien présent, comme le souffle de la mer en colère. Je sors de mon sac un carnet, un crayon. Je palpe ma liste, encore. Comme par superstition. J'ai tellement peur qu'elle s'envole et mes rêves avec. Je la connais par cœur, mais elle rend concrète la suite du chemin. Qu'elle le veuille ou non. Crayonner, faire taire le tumulte, même si je n'ai rien à craindre. Un rond pour la tête, un trait pour le corps, deux bras raides, deux jambes comme des cure-dents. Mon prénom et mon nom. Je les entoure d'un rond plutôt ovale. Et je recommence l'opération. Elle et moi. Moi et elle. Je relie nos cœurs, nos têtes, nos ventres et nos âmes. Deux petites allumettes, deux histoires qui se séparent. Je découperai le long trait en pointillés que je viens de tracer dans une symétrie à la main. Je déchirerai le tout en mille et un morceaux. Je le brûlerai peut-être sur le toit. Tout cela ne me touche plus.

— Léa, on y va.

Aller où ? Rentrer ? Avais-je imaginé une seconde qu'ils me laisseraient là ? Un paquet pour la consigne, on passera la récupérer avant notre voyage. Avais-je espéré qu'ils rentrent sans moi, que je puisse savourer ouvertement ma victoire ? Je ne les regarde pas. Où est ma mère ? Le médecin me glisse discrètement sa carte.

— Au cas où, murmure-t-il du bout des lèvres.

Mon allié est fort et sincère. Il a toutes les caractéristiques du valeureux chevalier. C'est déjà ça. Savoir que je pourrai appeler à l'aide en cas de coup dur est rassurant.

Je le sais, il est difficile de se débarrasser de ses mauvaises habitudes, car, oui, tout ira bien, désormais. Où est ma mère ? Je devrais me sentir libérée de ne plus entendre son râle, pourtant, c'est l'inverse qui se produit. Mon syndrome de Stockholm n'est pas tout à fait derrière moi. Peut-être est-elle déjà sortie. Déjà partie. Je l'imagine fulminer sur le parking. S'agacer de cette nouvelle qui me libère. Déjà exiger de mon père un deuxième avis médical.

Je ne les ai jamais quittés. Pas de colonies de vacances, de centres aérés, à peine quelques boums. De vagues vacances chez mes grands-parents. « Son état ne le permet pas. » Variante : « Vous savez, elle est fragile… » Je n'ai jamais rompu le fil. Eux n'ont jamais coupé le cordon. J'ai été un bébé à demeure. Année après année, je grandissais, j'étais malade. Mon état était celui d'un enfant en bas âge, nécessitant soins et attention. L'adolescence faisait figure d'inconnue. Si je n'avais pas enchaîné une scolarité presque normale, je serais encore la petite fille nattée en robe à smocks dont ils aimaient tant ressasser le souvenir. C'est pour ça que ma mère m'en voulait. Pour cette jeunesse nouvelle. Pour cette forme de bien-être que j'appelais. Pour le fait de vivre pour moi, elle qui avait oublié.

Est-ce qu'elle va m'en vouloir longtemps ? Est-ce qu'on passe outre le mépris de sa mère ? Est-ce que ça fait de soi une mauvaise mère potentielle ? Non que j'envisage un jour d'avoir des enfants, mais tout de même, je me questionne. Encore, toujours. À qui donc en parler ? À un de mes 12 bis ?

— Léa ?

Ce bref rappel à l'ordre paternel me fait lever la tête. Comment ai-je atterri dans la voiture ? J'entends à peine ma mère murmurer entre ses dents :

— La laisser partir, c'est la laisser se tuer.

Demain, c'est le 1er juillet, et mon histoire commence.

Human

Joseph n'a jamais aimé les nuits de pleine lune. Il se retrouve dans une incapacité totale à fermer l'œil. Rien à voir avec un truc de grand-mère. Il a cette folle sensation qu'il pourrait ne jamais se réveiller de ces nuits-là. Sans phare dans le ciel, c'est forcément la fin de quelque chose. Ça le poursuit depuis l'enfance. En ce 1er juillet, on annonce une « super lune ». Autant dire une nuit blanche. C'est mieux qu'une nuit à sortir du sommeil en hurlant après d'hypothétiques fantômes. Résolu plus que résigné, il prend la direction du jardin. Un sac de couchage sous le bras. À défaut de dormir, il peut contempler les étoiles. Joseph connaît à peu de chose près les noms et significations des quatre-vingt-huit constellations. Qui sait si chercher Pégase ou Andromède ne le conduirait pas vers Morphée ?

Joseph appartient à cette catégorie d'êtres à qui il est impossible de donner un âge… Selon les saisons, il varie du simple au double. Il n'a jamais été doué pour les chiffres. Sa mémoire est sélective. Il peut avoir vingt ans un matin et se coucher le soir mûri d'une expérience de centenaire. Quand la tristesse l'assaille, il a cent vingt ans et il meurt les yeux grands ouverts. Quand la nuit est douce, comme ce soir, c'est un enfant apeuré à l'idée de clore les paupières. Son état civil, il le garde pour lui. Et son âge aussi. Il laisse faire, laisse dire, laisse deviner. Souvent, il accepte les chiffres qu'on lui balance à la volée.

Si Joseph préfère les plantes aux hommes, c'est pour une bonne raison. Elles lui ont sauvé la vie. Paradoxal, pour quelqu'un à qui on n'a cessé de répéter qu'il était une mauvaise graine…

Malheureux dans le cadre scolaire, il avait commencé par de la petite délinquance. Du vol. Quand il avait été attrapé et qu'on avait convoqué sa mère, la sentence avait claqué net dans l'air : « Tu n'es qu'une mauvaise graine. » Il avait longtemps cherché à comprendre la traduction littérale de cette expression. À sept ans, il tentait de s'endormir les yeux pleins d'angoisse, inspectant avec crainte son nombril, persuadé qu'elle sommeillait là, et que ce serait le chemin de libération de la plante folle qu'il portait en lui. Mauvaise graine. Ça signifiait un semi-malade qui ne pousse pas, un enfant qui pousse mal ou une graine contenant une plante potentiellement dangereuse ? Une plante carnivore devait sommeiller en lui et il était le dernier au courant.

Persuadé que cette plante orchestrait son existence, Joseph enchaînait les erreurs et les mauvaises notes. L'adolescence lui fut fatale. Son salut, il le devait à Georges, le jardinier de son village. Georges avait compris bien avant les autres que les plantes étaient meilleures que les hommes et que, contrairement à ce que Joseph avait cru toute son enfance, elles n'étaient pas là pour conduire nos actions. Georges avait joué le rôle de passeur en apprenant au gamin timide et perdu tout ce qu'il savait. Et, pour une fois, Joseph avait écouté, observé. La douceur et la précision des gestes y étaient pour beaucoup.

Entre deux silences, Georges transmettait tout ce qu'il savait. « C'est peu, gamin, c'est peu », mais pour Joseph c'était énorme. En général, ce qu'on lui passait à l'époque, c'étaient des savons. Ou des insultes. Ou les deux en même temps. Joseph avait été un enfant aux genoux couronnés de bleus. C'était ça, la plante qu'il portait en lui. Une profonde blessure d'injustice. Son incapacité à vouloir faire mal à l'autre l'avait transformé en victime idéale. Alors il s'était tu, avait fait pousser ces graines de vengeance imaginaire dans son âme. Jusqu'à se persuader que ce monstre finirait par le dévorer.

Dans les mains de Georges, l'utile devenait extraordinaire. Le sens coulait de source. Joseph découvrait comment enrichir le sol sans engrais. Réalisait un paillage pour économiser l'eau. C'était un cours de nature à ciel ouvert. Des paroles tendres susurrées quotidiennement à des plantes compagnes. Au début, il avait cru que Georges allait lui parler d'amour. Au final, il avait compris qu'il n'était question que de ça. Son tuteur pratiquait le compagnonnage. Il mariait les plantes entre elles. Il composait des couples unis au-delà des liens sacrés d'un mariage suspendu aux vents et aux intempéries. Il choisissait, écoutait, regardait encore. Il faisait rimer le cœur très fort, les émotions, encore plus. Le tout saupoudré d'un peu de raison.

Georges plantait des carottes car leur odeur faisait fuir la mouche de l'oignon (*Delia antiqua*) et la teigne du poireau. Il n'en mettait pas partout. En priorité entre deux rangs de légumes. Le matin, Joseph le voyait récupérer son marc de café et le mélanger entre ses doigts avec la terre et quelques miettes de tabac froid. « Pour les rosiers, contre les pucerons. » Les sentences étaient courtes et intelligibles. Rien de sibyllin pour un esprit faible comme le sien. Il lui avait fait planter du thym, du romarin, de la sauge, du trèfle et des tomates pour éloigner les limaces et les escargots. Et à chaque plant de framboisier Georges ajoutait un plant de myosotis, « contre les vers ». Qui disait plants de salades signifiait plants de fenouil, « contre les limaces ». La lavande à côté des roses n'avait pour rôle que de lutter contre les fourmis et les pucerons. Joseph découvrit qu'il existait bien plus d'une nuance de vert, que les harmonies de couleurs n'étaient pas uniquement là pour faire joli.

La plante préférée de Georges, c'était l'armoise. Il la plantait avec joie à côté des groseilliers. Joseph en avait conclu que ce silencieux avait un penchant pour la confiture.

Tous les soirs, il notait ses conseils, il lisait, intégrait. Il sentait qu'en se nourrissant ainsi il affamait la plante vénéneuse. Privée de haine, elle finirait bien par disparaître.

La peine de Joseph purgée, Georges avait fait le nécessaire pour installer la jeune pousse chez un horticulteur. Joseph ne voulait personne d'autre que lui. Lui et son savoir chamanique. Touché, Georges lui avait encore patiemment transmis ses connaissances. Et puis un jour il avait arrêté. « Tu es prêt. » Joseph n'était pas prêt du tout, cependant, il n'avait plus le choix.

C'était ainsi qu'il avait atterri au 12 bis, avenue du Maréchal-Joffre, à Mérignac. Lui, son corps mal à l'aise, sa tête hirsute. Sa barbe et ses yeux noirs. Ses doutes et le reste. Devant le terrain, ça avait été l'évidence. L'héritage d'un vieil oncle avait fait le reste. Du haut de ses trente ans, Joseph disposait enfin d'un jardin à lui.

Au début, ça ne ressemblait à rien. Ou plutôt ça ressemblait à une friche indépendante animée par un fort esprit zadiste. Le jardin ne voulait rien entendre. Ni sa passion ni sa patience, et encore moins le fait qu'il avait mis toutes ses économies dans l'achat de la maison et de son terrain.

Il passa des jours à débroussailler, bêcher, arracher les racines. Tout ça en lui demandant pardon de le faire tant souffrir. C'était sa croyance, le jardin ressentait et pressentait les choses. Rien ne prenait forme. La maison resta inhospitalière comme au premier jour de la visite. Seul le jardin comptait. Il concentra tous ses efforts sur cet extérieur, le seul lieu où il se sentait à sa place. Il se dit, une fois encore, qu'il avait fait le mauvais choix. Mauvaise graine un jour, mauvaise graine à jamais. C'était pourtant évident. Pourquoi essayer de lutter contre ça, contre lui ? Il avait beau être en adéquation avec la nature, cette dernière ne voulait pas de lui. C'était un fait et il n'y avait rien à ajouter. Raté, encore une fois...

Ce fut au petit matin que le miracle se produisit. Heureux de le voir rincé, le jardin avait enfin accepté de se laisser faire. Les ronces cessèrent leurs agressions permanentes, les épines des aubépines se rétractèrent sur son passage. C'était sûrement un effet de la fatigue, mais, dans les faits, il put enfin révéler son talent. D'un coup, ça devenait facile. Il retourna la terre, déracina des ronces et les souches. Cette première avancée se solda par un grand feu pour fertiliser le sol. Joseph travaillait à l'ancienne. Pas de pesticides. Juste du bon sens. Après ça, il retourna la terre et respira un grand coup. L'air avait le goût de son avenir. Et c'était bon.

Un jardin de curé bordélique. Un espace qui nourrit. Un espace pour rêver. Voilà ce qu'il avait en lui depuis toujours. Il voulait tout ça et plus encore. Il soigna les deux pins parasols faméliques. Il faudrait encore du temps pour y accrocher un hamac. Mais ça n'était pas grave. Il détermina les couleurs, les odeurs, acheta des coccinelles, investit dans une ruche. Imagina déjà le potager. Sa vie était là. Il n'avait plus le choix, il n'avait rien et il avait tout. C'était là le défi. Être capable d'apprécier enfin d'avoir un chez-soi. Arrêter d'accuser le sort, cesser de le rendre responsable de ses malheurs. Son éden, c'était sa victoire. Il ne pouvait pas mentir à son jardin. Il le vit tout de suite. Les plantes stoppèrent net leur ascension vers le ciel, la terre changea de tonalité. Le bruit du vent dans les feuilles n'était plus le même. Joseph connaissait le sens de sa vie. Écouter les boutures, ausculter les feuilles et prendre soin des lombrics. Son jardin était le compagnon exigeant qui lui manquait. Désormais, Joseph savait une chose, il ne serait plus jamais seul.

Ease on Down the Road

Ronron du train qui s'élance. Je m'étais endormie. Certains rêvent d'avions et de tours du monde. J'ai l'impression de faire la plus fantastique des chevauchées. Je me frotte les yeux, le nez en l'air. Tout autour de moi, des familles de juilletistes en partance pour le repos estival. Des enfants qui jouent avec des cartes Pokémon, des parents les yeux écarquillés sur leur smartphone. Et moi. Drôle de mélange. Seule parmi la foule, c'est un état que je connais bien. En général, je fais mon possible pour m'en extraire vite, très vite, avant de plonger dans le malaise. Étonnamment, aujourd'hui, je ne suis que sourires et patience.

Pas d'anecdote particulièrement savoureuse à donner sur mon départ. Je m'attendais aux grandes eaux : j'ai plutôt essuyé un élégant mépris. Dès notre retour de l'hôpital, ma mère m'a somptueusement ignorée. Elle a un don pour ça. Vous faire vous sentir encore plus petit que vous ne l'êtes. Sa manière à elle d'exhiber sa blessure béante.

Plutôt que de nous regarder enfin, de nous dire que nous souffrions toutes les deux et qu'il était temps que ça cesse, nous avons laissé le silence nous envelopper. Consciencieusement. Patiemment.

Elle a refusé de dîner. Même jeu le lendemain matin. Elle boudait son assiette et notre présence. Essayait-elle de me ressembler d'un coup, moi qui ai longtemps espéré être à son image ? Je partais, je laissais une place. La combler de son absence semblait être son début de réponse. Papa dans tout cela essayait de joindre les deux bouts de son cœur. Ça lui évitait de penser à l'angoisse montante de leur tête-à-tête à venir. J'ai vite grimpé dans ma chambre. Tiré ma valise de sous le lit. Attrapé un petit sac de voyage chiné il y a des lustres, un jour où j'avais eu le courage de quitter ma banlieue pour les Puces de Saint-Ouen. Ce sac invitait à l'escapade. Sa couleur, d'abord, fauve avec une fragrance de cuir venue d'ailleurs. Sa forme, ensuite, une vraie possibilité d'y inclure toute sa vie et de ne plus jamais revenir. Taché çà et là de quelques gouttes d'eau, il avait vécu et voyagé avant moi. Il me transmettait ce goût de l'aventure. Dissimulé là depuis tout ce temps. Prenant sagement la poussière en attendant le grand jour. Lui aussi avait dû s'ennuyer. Un sac de voyage, un de couchage et moi. Trio d'aventuriers contemporains. Et puis ma fameuse liste. Un billet de train. Un aller simple. En le prenant, j'avais déjà les mains qui tremblaient. Tout quitter comme ça. C'était complètement fou. Je reviendrais un jour, c'était certain. Ou alors je voulais me rassurer. Une étreinte à papa, un vague « Ça va aller. » J'ai à peine senti ses bras m'envelopper. Et puis j'ai filé.

Descendre les trois étages, pousser la porte, traverser le jardin. Emprunter l'avenue du Maréchal-Joffre, déserte à cette heure. Des jolies maisons, quelques arbres. Ma demeure préférée fait l'angle avec la place du Marché. En briques rouges, sur deux étages, avec un énorme marronnier pour suspendre une balançoire. J'avance encore sur le béton pas droit. Çà et là, des bosses et des trous. La faute aux arbres, bien sûr, quelle idée aussi d'avoir de puissantes racines. Tourner à droite sur la rue Pasteur, puis prendre la rue du Général-de-Gaulle. Filer tout droit jusqu'à la gare. Pas de boutiques, pas de petits commerces, des enseignes sans charme. Bref, rien à regretter. RER A direct jusqu'à Charles-de-Gaulle-Étoile. L'interconnexion sans fin à Nanterre, fichu passage de relais entre la SNCF et la RATP. Se faire passer devant par un train en provenance de Saint-Germain-en-Laye. Ne pas avoir le courage de courir avec mon bazar. Attendre et espérer. Descendre enfin, sauter dans la ligne 6, ma favorite. On commence sous terre, on poireaute à Kléber. À Passy, le jour caresse les visages. Les premiers sourires apparaissent dès lors qu'on franchit la Seine. Les touristes s'arrêtent à la tour Eiffel. Essayant à tout prix d'être sur les sièges fenêtre côté gauche du métro. Les meilleures places pour une photo rapide. À croire que parfois il y a un esprit première classe dans ces wagons. Mon regard porte plus loin. Vers Montmartre, qu'on distingue clairement sur sa butte. Carte postale parfois brumeuse. Mais si identifiable sous le soleil radieux de début juillet. Un flot de voyageurs pressés, armés de perches à selfies, descend à Bir-Hakeim. Sans un regard pour l'histoire de cette station. Une bataille pour garder un point d'eau dans le désert... Le contexte me parle. Petite traversée du 15e arrondissement cossu, puis direction le ventre de la terre. À Pasteur, on replonge. Montparnasse et ses couloirs sans fin.

Paris-Caudéran-Mérignac, deux heures cinquante-trois de trajet.

Je me redresse un peu sur mon fauteuil et sors ma liste. Ma première visite sera pour Joseph. Mes pieds butent contre le sac de couchage. Dormir dehors ne me fait pas peur. Et je m'attends à quelques portes fermées. À des regards circonspects. J'ai passé ma vie à être jugée, je ne m'inquiète pas de ça. J'ai juste l'appréhension de ne rien apprendre. Dans ma poche, en plus d'un carnet, je découvre une feuille pliée en quatre. Bien joué, papa. Je ne suis pas partie depuis une heure que déjà les larmes montent. Je lirai plus tard. Sur un quai girondin, par exemple. Trop d'émotion pourrait me faire descendre à la prochaine station, et ça n'est pas envisageable. Je griffonne ma première victoire : « Je suis dans le train. J'y suis pour de bon. » Walt Disney disait que la différence entre un rêve et la réalité, c'est une date. Je suis droite dans mes bottes, j'ai fait ce que j'avais projeté.

Autour de moi, on sort les sandwichs et les boissons. Ambiance pain triangulaire et vague odeur de jambon-beurre sous cellophane. Avant, je me serais levée de mon siège pour fuir. M'enfermer aux toilettes, par exemple.

Je compose avec ma nouvelle normalité. J'ouvre mon sac fourre-tout. En sors mon déjeuner. Aujourd'hui, je suis orange. Tomates, ananas, carotte, melon, mimolette et quelques abricots. On dirait un Rothko. Un bel aplat de couleurs soleil, clin d'œil à la toile *Orange, Red, Yellow*. Composer des assiettes graphiques rend moins pénible la tâche de les avaler. Une petite voisine à couettes observe mon bento :

— C'est joli, ce que tu manges. Dis, maman, tu pourras me faire pareil ?

Je lui tends la boîte. Elle pique un ensemble melon-tomate en me remerciant d'un sourire timide. Sa mère de même. Relation mère-fille apaisée. J'ai très envie de parler à cette demoiselle de ce peintre, de son exploitation de la couleur et du fait qu'il ne supportait pas que les spectateurs d'une exposition puissent être perturbés par d'autres toiles que les siennes. Mais le courage n'est pas là. J'ai lié un premier quelque chose grâce à la nourriture. Ça aussi, ça mérite une petite note.

Un des premiers sens de ce voyage est de me permettre de réaliser ce que j'entreprends. J'appartiens à la classe étrange des gens pour qui tout effort est normal. Rappelez-vous : « Léa, tu es courageuse. » Je me suis dit que, si j'étais capable d'identifier ces actes de bravoure qui sont pour moi une survie quotidienne intégrée, je m'en sortirais pour de vrai. De nouveau le carnet, écrire : « J'ai fait sourire une enfant avec une assiette couleur

Rothko. » De joie, je referme le carnet et le laisse sorti. Le voyage s'annonce bien.

Délicate, je déguste une première bouchée, laisse fondre les saveurs. Le sucre du melon ; la douceur de la tomate. Que c'est facile de manger quand personne ne vous scrute. Quand personne ne compte vos cuillerées. Je mange avec les doigts et on s'en fout. Je mélange le fromage et le dessert, et personne n'a à y redire. Manger sans médecin, manger sans ma mère, c'est redécouvrir le goût d'une certaine liberté. Je me dis même que je peux picorer tout l'après-midi. Il n'y aura ni drames ni larmes. J'en viens à rêver d'un gâteau au parfum oublié. Trois couches de pâte feuilletée, deux couches de crème pâtissière. Millefeuille, des histoires au goût vanillé. Érudit et savoureux. J'ai longtemps rêvé d'un homme à cette image.

Rencontrer quelqu'un dans la vraie vie relève de la chance, et parfois même du miracle. L'avantage que nous avons, nous autres « malades », c'est que, pour le coup, nous avons conscience de la futilité dans la stratégie amoureuse. Quand on est hospitalisé, on est pragmatique et humble face aux sentiments amoureux. On se plaît, on se le dit. On ne sait pas si on aura l'occasion de le faire une nouvelle fois. Quand on est malade et amoureux, on voit mieux que les autres. On voit au-delà des fils, des tubes et autres cathéters. On voit au-delà des yeux cernés, des traitements difficiles et de la peur. On voit pour de vrai. L'âme au premier plan, le reste suit. Et l'envie de sentir son corps vibrer. Comme pour rappeler qu'on est encore vivant. C'est viscéral et sans triche.

J'ai eu deux amoureux, le temps de ma convalescence. La première fois, j'avais quinze ans. Je l'avais croisé dans les couloirs. Chimio. Plus de cheveux, plus de sourcils. Je n'en voyais que davantage ses yeux. C'est comme ça qu'on a commencé à se parler. En se regardant dans les yeux et droit au cœur. Le reste était trop moche. Et puis, un regard, ça ment rarement. Il était sincère, gentil. Toujours entre deux livres. J'aimais qu'il me prenne la main, avant de saisir ma bouche. Il n'y avait rien de désespéré dans son baiser. Plutôt une envie sincère de vivre ça, avant de passer outre…

La seconde fois fut plus charnelle. J'avais dix-huit ans. Il était comme moi, intrigué par ce besoin de se nourrir trois fois par jour. C'était rare, un garçon qui boudait son assiette. Le corps médical s'intéressait de près à cet être gracile. Il avait une ligne de danseur. Ma première fois fut avec lui. Nos corps filiformes se cherchèrent longtemps avant d'exulter. Je jouis donc je suis. À califourchon sur lui, j'oubliais mes côtes apparentes et mes hanches saillantes. Il était mon miroir non déformant. Même minceur, même peau pâle, mêmes veines apparentes. Sur ces surfaces planes, son érection et mes bouts de seins pointus étaient les marques de notre liberté. Commença un jeu. Se retrouver et ne pas se faire prendre. Chaque rencontre était une nouvelle première fois par le lieu et la position. Son lit, mon lit où la jouissance se faisait en silence. Une salle de cours ou la buanderie où nous pouvions nous laisser aller. Perdre pied en lui, perdre mon souffle était un moyen d'aller mieux. J'aimais la saveur de sa peau comme il aimait le goût de mon cou. Il dévorait le creux de mes hanches et embrassait longuement la découpe de mes cuisses. J'aimais son torse droit, ses doigts longs que je pouvais lécher sans fin. Quand la tête me tournait, j'imaginais que les composants des médicaments remontaient à la surface pour nous contraindre d'arrêter. L'inverse se produisait. Dessous, dessus, sur lui, sur moi, sur le côté, debout. L'hôpital n'empêche pas l'imagination en matière de positions. Il n'y avait que la sodomie que nous n'expérimentions pas. Je n'aimais pas mon dos… Faire l'amour nous différenciait. Aux yeux des autres, qui le devinaient. Plus important que tout. À nos yeux, surtout. Je me sentais importante dans ses bras, parfois unique. Nous ne parlions quasiment pas. C'était sans fioritures. Avec beaucoup de passion. De l'amour, je ne savais pas, au fond. Ce n'était pas ce que nous cherchions. Nous voulions du plaisir. Nous voulions de l'extase. On aime toujours un peu, pour offrir cela à l'autre, non ? Je ne comptais pas les semaines de rendez-vous, je ne comptais que mon plaisir. J'ai quitté l'hôpital avant lui après une dernière nuit d'étreinte. Le médecin de garde présent ce jour-là m'a félicitée pour ma bonne mine. J'ai rougi et pris le compliment pour moi…

Dehors, le paysage change, je ne sais pas où je suis et ça me ravit. Autour de moi, je saisis des bribes de conversations sans début ni fin. Heure d'arrivée, adresse de la location, voiture à récupérer, grands-parents à prévenir. Personne ne m'attend sur ce quai. Je froisse dans ma poche la lettre de mon père. J'anticipe déjà les mots. L'inquiétude dans la ponctuation. Le doute à tous les paragraphes. Il me laisse partir et il a mal. Pas tant mal de mon état, mal du silence que je laisse, mal du temps qu'il va falloir désormais combler. Qu'il soit à ce point terrifié d'un tête-à-tête possible avec ma mère me désole. Une rustine, n'ai-je donc été que ça ces dernières années ? Et si j'avais été en bonne santé, serait-il parti ? Aurais-je aujourd'hui une tribu de demi-frères et sœurs avec qui parler, jouer, grandir ? Merde, à la fin. Il est majeur, vacciné, s'il avait voulu partir, il aurait pu. J'étais une excuse pratique, toute faite et sous perfusion. L'alibi idéal pour continuer leur histoire mal en point. Comment peut-on s'aimer aussi mal ? Et moi, comment pouvais-je aller mieux, entourée de gens qui mentent ? Tu parles d'un chemin d'âme. Peut-être qu'un jour il me remerciera d'avoir fait sauter le couvercle et retomber la pression. Mon départ lui offre une fuite. Je légitime enfin sa lâcheté… On largue les amarres du mal et on s'envole.

Je pourrais digresser des heures là-dessus. Renouer des nœuds dans mon cerveau en relation directe avec mon estomac. Mais la mimolette est trop bonne. Le melon, trop savoureux. Je n'ai pas le temps de réfléchir. Des passagers debout me surprennent. Déjà ? On est déjà arrivés ? Ma voisine à couettes me jette un dernier sourire. Heureuse de sortir de ce train et de mettre, au moins en pensée, les pieds dans l'eau. J'attrape mes affaires et j'attends. Je n'ai jamais aimé sortir la première. Laisser passer le flux. Respirer. Laisser descendre les poussettes, les grands-mères. Je n'ai pas vu de chat énervé miaulant dans sa cage, mais si ça avait été le cas je l'aurais également laissé passer. Je vais le faire, je vais y aller. Je me lève, ultimes regards.

Sur le quai, la chaleur me saisit. Mes Stan Smith collent au bitume, mon short en jean, encore un peu grand, recouvre mes jambes fines. J'ai bien fait de mettre un débardeur et un T-shirt en coton qui découvre juste mes omoplates. Je relève mes cheveux en chignon. Pas le moment de faire un vertige et d'appeler qui que ce soit. J'empoigne mes doutes et je sors de la gare Saint-Jean. Un coup d'œil à la porte vitrée, je m'observe. La sueur perle sur mon front et coule jusqu'à mon cou. À part ça, je n'ai pas l'air d'une fugitive. Pas de traces d'inquiétude sur mon visage. Mes yeux noisette ne trahissent aucune peur. Mon corps est toujours léger, mais il va me porter vers cette première adresse. Pour rejoindre Mérignac, je n'ai d'autre choix que le taxi. Je le sais, j'ai regardé. C'est une petite entaille dans mon budget. Pas grave, je ne mange pas ce soir… Mais si, qu'est-ce que je raconte ?

Je lève le bras, un peu hagarde. Le Sud-Ouest n'est pas New York. Mon geste mou n'entraîne qu'un lent démarrage d'un véhicule éreinté par la canicule. Va pour une Renault. Le chauffeur tique à peine à l'annonce de la destination. Il se contente de hocher la tête et de monter le son de la radio. Bien, je n'aurai pas à faire la conversation. Penser aux premiers mots. Aux premières paroles. Sont-elles comme un premier regard ? Et s'il n'était pas là ? Et s'il ne m'ouvrait pas ?

— Excusez-moi, monsieur, savez-vous s'il y a un hôtel pas loin et pas trop cher ?

— Vous n'avez pas Internet ?

— Si, mais...

Silence. Je cherche naïvement les vignes. Je n'ose rien dire. Un coup d'œil aux rues. Avenue du Général-de-Gaulle et rue Pasteur. Mon itinéraire girondin est le même que mon chemin ovillois. Au final, il n'est peut-être pas question de destin. Quatorze minutes, montre en main.

— 12 bis, avenue du Maréchal-Joffre. Vous avez besoin d'aide pour vos bagages ?

— Non, ça ira, merci.

Payer, sortir du véhicule et regarder autour de soi. La porte bringuebalante. Le dos fissuré d'une maison que l'on devine sans charme. Et une énorme palissade qui dissimule ce qui ressemble à une fosse. C'est officiel : on doit bien être passage Mozart.

Marche turque

La *Marche turque* délivre ses premières mesures dans la pièce attenante. Marceau se lève prestement pour monter le son. Il a hérité cette manie de son père. Mozart s'écoute fort. Comme Chopin et Wagner, surtout les soirs d'orage. Les voisins ne râleront pas pour ça. La moyenne d'âge des habitants du 12 bis, avenue du Maréchal-Joffre est proche des quatre-vingts printemps. Dans cet immeuble de Tarbes, on écoute plus souvent Claude François que MHD. Ça va bien à Marceau, ces décibels. Il déteste le silence. Surtout quand ce dernier émane des autres. Les imposer, les distiller. Lui sait faire, les subir, c'est sa hantise.

Marceau est un homme des ondes. Une personnalité de l'ombre qui dose et donne le ton. Il n'est pas journaliste. C'est un métier pour lequel il a toujours eu de la défiance. Comment peut-on vivre en espérant une mauvaise nouvelle ? Ça n'est pas du mépris. C'est un fait. Rien ne rend aussi bon un journaleux que le drame et le grave. Il faut une oreille fine pour percevoir cela. Une oreille d'habitué. À notre époque, on s'entend si peu. Ce bruit médiatique, ces nouvelles qui tournent en boucle, ces mots maintes fois répétés au point d'en perdre leur sens. Non, ça n'est pas pour lui. Il ne se voit pas énoncer en boucle des phrases toutes faites. « Franchir le Rubicon », par exemple. Combien de fois a-t-il entendu cette expression prémâchée au moment de l'élection de Macron ? Combien de fois ? Mots-clés qui déferlent sur les ondes et perdent leur goût premier.

Son travail, c'est écouter. Il est animateur de la tranche de nuit d'une radio locale. Marceau entend les gens, les conseille, leur laisse la parole.

Il est tour à tour consolateur, entraîneur, un passeur, parfois. Il crée le lien là où il n'y en a plus. C'est également le dinosaure de la station. Le genre à refuser d'être filmé. La direction lui martèle régulièrement l'importance de cette nouvelle audience. La première fois, il a mis des sacs-poubelle sur les caméras. Le réalisateur a ri, et depuis on ne lui dit plus rien. On parle de physique de radio, il y a peut-être un fond de vérité dans cette expression. Marceau a choisi cet endroit pour ne pas être vu. Sa voix, c'est ce qu'il a de plus précieux. Son identité. Elle définit une part de sa personnalité, certainement la meilleure. Tout du moins, celle qu'il accepte de montrer. Pour le reste, il ne veut être qu'une hypothèse. Celui qui ne se montre pas. Marceau vit en décalé. Réveil à midi. Puis le premier café, la revue de presse, une douche et il arrive à la radio. En avance, toujours en avance. Ça lui laisse le temps de se préparer. C'est une émotion unique que de prendre le temps de parler à quelqu'un pour de vrai.

D'échanger sur le plus précieux, le plus intime, tout en se sachant écouté par le plus grand nombre. Il a besoin de se conditionner pour cela. Parce qu'au fond l'humain est toujours étonnant. C'est quand on s'y attend le moins que l'émotion vient vous saisir à la gorge. Qu'elle vous la serre tant et si bien qu'on finit par se trahir.

Marceau prend le micro comme un boxeur. Il refuse de se laisser submerger. De 22 heures à 1 heure du matin, le patron, c'est lui. Il aime ces instants de couloirs vides et d'ordinateur en sommeil. La nuit, on peut penser avec son cœur, c'est pour cela que les auditeurs l'appellent. Dès la fin de la journée, le standard vibre de témoignages pour la soirée. Les choisir est toujours délicat. Il déteste décevoir. Il veut aider au maximum, montrer le chemin, conduire sur la voie…

C'est un solitaire bien accompagné. Quand il s'endort, vers 3 heures du matin, après un dernier verre, il entend encore les remerciements, les mots bienveillants de ceux qu'il a pu réconforter, juste en les écoutant. La confession sans le jugement. Pour qui cherche du réconfort, c'est la solution idéale. Pour Marceau, ça donne un sens à sa vie. Marceau est un grand timide, un vrai fragile. Il a conscience de ces émotions folles qui passent entre les auditeurs et lui. Lui, la voix rassurante, puissante, chaude qui se faufile jusqu'à leurs oreilles dans le noir. Marceau n'a pas envie d'évoquer des banalités, pas envie de redites. Il aspire à autre chose. À des phrases construites, à des respirations sincères. Il aime l'inattendu, ne supporte pas les clichés. Il veut être juste. Il a grandi avec les radios libres et se revendique de cette mouvance. Il donne tout en maîtrisant, sans trop donner, au fond.

On s'interroge sur sa vie d'avant. Il semble là depuis toujours. Même son embauche a tenu de l'apparition. Sur la grille de programmation, le créneau était disponible. Il a suffi de quelques heures pour le voir débarquer. Des rumeurs courent dans le sillage de son physique de légionnaire. Lui qui fut longtemps nomade, on l'imagine combattant d'un jour, ou encore mercenaire. Marceau laisse faire. Il croit dans cette maxime : « Qui ose gagne », alors il avance, que cela suive ou pas. Ça lui convient, ces légendes urbaines, ça l'amuse. C'est toujours mieux que la vérité. Un amoureux passionné qu'on éconduit, ça ne donne jamais de bons résultats… La radio lui permet de s'aimer un peu grâce au courrier des auditeurs. Des femmes, souvent, qui l'imaginent plus beau, plus jeune. Un homme raccord avec sa voix, sans dissonances ; une continuité élégante à son organe. Un Marceau sans rides sur le front et bedaine apparente. Il ne se plaint pas de la situation. Rêver est déjà bien.

Son monde tient dans les dix mètres carrés de son studio bien plus que dans son appartement au 12 bis, avenue du Maréchal-Joffre à Tarbes. Il voit ses quatre murs comme un espace purement fonctionnel. Un toit sur la tête pour éviter le pire. Il l'a meublé au premier jour. Et puis rien n'a bougé.

Voilà sa vie d'ombre.

Quand c'est trop lourd, il file à quelques heures de là, dans une zone effacée des cartes. Là, il oublie les alentours et le bruit. Une cabane perchée dans les arbres et il devient un silencieux homme des bois. Ici, il n'y a rien à faire. Ça le repose, ça lui permet de partager ses peines sans rien montrer. Montrer n'est pas utile. Et puis qui cela aide-t-il ? Marceau a juste besoin de se couper du monde. De faire cesser le bourdonnement dans sa tête. Râper son corps contre l'écorce de ce pin immense. Avoir les mains collantes et noires de sève. Ici, il n'est personne. C'est encore mieux. Il apprend à faire silence en lui. À poser du coton sur ses doutes. Sur les voix qui tournent dans son cœur. Celles de son enfance, celles d'avant. Ici, il est une voix qui se cherche sans bruit. Parce qu'au fond Marceau est un gueulard, un énervé, un écorché. Pour lui, vivre, c'est provoquer l'improbable. C'est ne jamais se résoudre. C'est avancer avec le vent devant, parce que ça a plus de gueule. Il n'a pas les valeurs et les codes de l'époque. Évoluer l'épuise. Il a la carrure du héros, mais qui cela intéresse-t-il ? Marceau est ce doux paradoxe. Il se soigne en faisant du bien aux autres. Il oublie qu'il a été amoureux en ne parlant que de ça. C'est un tendre qui ne veut plus rien montrer.

Peut-être qu'un jour il en aura assez, assez d'aider, assez d'être une ombre. Il n'essaiera pas d'aller vers la lumière. Elle lui colle mal au ventre. Il n'est pas fait pour la prendre. Ça lui fait perdre la tête. Il sait de quoi il parle. Non, il se retirera dans un lieu de silence. Un lieu où même les murmures sont interdits. La respiration, tolérée mais pas trop fort. Un lieu pour doser son organe puissant.

C'est ça qu'il essaie de dire aux gens qui l'écoutent et avec lesquels il dialogue. Rien n'est jamais écrit. De toutes les histoires, la plus bouleversante reste celle à venir.

Fifty Ways to Leave Your Lover

La chambre est dans la pénombre. Pourtant, il est midi. Dans le lit, une masse dissimulée par des coussins. Malgré la chaleur, une couette. L'air est suspendu. En attente d'une suite. Laurent s'avance, hésitant. Aujourd'hui, il est ce prénom. Il n'est plus « le papa de Léa ». Enfin, si, il le sera toute sa vie, mais à cet instant il est avant tout lui. Et ça lui semble assez léger.

— Laurence ?

Un grondement lui répond. Ça n'est pas un râle ni même une plainte. C'est plus douloureux que ça. C'est un début de conversation qui tourne à l'orage. Cumulonimbus à 2 heures. Premier éclair et impact imminent.

— Laurence, lève-toi, s'il te plaît.

— Et si j'ai envie de rester au lit ?

— Tu ne vas pas rester couchée en attendant son retour ?

— Qui te dit que j'attends quelqu'un ?

Au pays de la mauvaise foi, l'attaque verbale est reine. Le reste, des miettes. Laurent s'assied, tente de chercher son visage. Un rideau de cheveux lui barre les yeux.

— Je sais que tu es inquiète, mais tout va bien se passer. Léa est raisonnable.

Agitations et soubresauts sous la couette, Laurence émerge, hirsute. La raison est perdue.

— Raisonnable, tu plaisantes, j'espère ? Tu trouves son projet sensé ? C'est une égoïste qui nous abandonne.

La blessure ouverte. Le ton sur le verbe est véhément. Le problème est dans la perception. D'un côté, la liberté joyeuse. De l'autre, la trahison pure et simple.

— Léa ne nous a pas trahis, elle va mieux et elle se le prouve. Elle nous le prouve. Tu voulais qu'elle reste malade toute sa vie ?

— Cette lubie signifie surtout que cette fille n'est pas au clair avec elle-même.

— Cette fille, c'est ta fille.

Ricanements.

— J'oublie toujours : quand elle ne va pas bien, c'est ma fille…

— Je n'ai rien dit de tel, je souligne simplement que tu parles de notre fille, qu'elle est majeure et libre de ses décisions.

— Et si on lui coupe les vivres ? Elle sera toujours aussi libre, tu crois ?

— Pardon ?

— Oui, si on bloque son compte en banque, elle sera obligée de rentrer, non ?

— Elle te manque à ce point ?

Laurence le regarde. Son visage à la serpe, son regard délavé, la barbe naissante. Il ose lui demander si elle lui manque ?

— Non.

— Alors pourquoi lui infliger ça ? Tout ce que tu vas faire, c'est briser son élan et la rendre malheureuse.

— Pour lui prouver qu'elle a tort.

Laurence se retourne sur l'oreiller. Danse de l'ego. Elle veut sa fille à ses côtés. Elle veut contempler son assiette et compter les cuillères. Elle veut la pesée quotidienne et les notations dans le cahier. Elle veut retrouver son pouvoir.

Il se lève. Il n'a jamais su gérer l'agressivité. À part en faisant les cent pas. Elle reste dans le lit, se murmure des choses à elle-même. Cette folie n'a rien d'aimable. La vie est trop courte. Les enfants partent et volent de leurs propres ailes. À n'être que des parents, on en devient des étrangers l'un pour l'autre. On s'embrasse sans folie. On ne se culbute plus debout. L'équilibre fragile de la maladie leur donnait l'illusion de la force. C'était si rassurant de s'attacher à cela. Un leurre. Est-ce que c'est pour cela qu'elle est partie ? Pour ça et pour le reste. Et maintenant ?

— Tu penses qu'elle est arrivée ?

Voix de la raison, un instant, tu surgis.

— Oui, je pense, vu l'heure.

— Tu as un message ?

— Bien sûr que non.

— Moi, c'est sûr, elle me déteste, mais je pensais que toi tu aurais un signe…

— Laurence, personne ne te déteste, mais cesse de te comporter en victime. N'essaie pas de prendre sa place. Il est peut-être temps de sortir la maladie de notre vie et d'avancer.

— Pas ce langage de psy avec moi, je t'en supplie. Tu veux quoi ? Me quitter ?

— Je te dis juste que, Léa allant mieux, il est grand temps de reprendre une vie normale. De voyager, de sortir…

— Je ne peux pas, c'est ma vie, c'est ma fille. Qui l'a accompagnée à l'hôpital à chaque rechute ? Qui a pris soin d'elle au quotidien ? Qui a lâché son travail pour être à ses côtés, hein, qui ?!

Le dernier cri est un cri de rage. Elle ne peut plus contenir la fureur de la houle et du ressac qui gronde dans son ventre, il faut que ça sorte. Elle lui a donné son temps, son amour, jusqu'à l'insomnie. Pour quoi, au fond ? Pour qu'un itinéraire débile fasse d'elle une esseulée.

— Pourquoi veut-elle rencontrer des inconnus, tu peux me dire ? On ne lui suffit pas ? On ne lui suffit plus ? On n'est pas assez bien pour elle ?

— Elle veut juste savoir si…

— Oui, je sais, je sais, si elle peut avoir un destin. Quelle connerie !

— Ça te déplaît à ce point, qu'elle aille mieux ?

— Oui, je préférerais qu'elle soit morte. Et de loin.

— Tu es barge.

— Mais oui, bien sûr, j'oublie encore, barge et responsable de son état.

Clap de fin, discussion terminée. Laurence replonge dans ses limbes délirants. Se lever et agir. Il est en train de la perdre, elle aussi. Si ça se trouve, c'est lui, le problème. Il aime si mal qu'il blesse les êtres chers qui sont autour de lui. Il les rend comme ça : pâles, fatigués, irascibles. C'est sa responsabilité. Parce qu'il n'a pas les mots, pas l'attention nécessaire. Il va partir, lui aussi, c'est une question de temps. Mais l'urgence est de sauver Laurence de cette fièvre qui la contamine un peu plus chaque jour. Il adresse un mail au médecin de Léa, en quête d'une aide ou d'un début de solution.

Laurent étouffe dans cet appartement, ça tourne autour de lui. Dans sa tête, sûrement. Il cherche l'air, grimpe à l'étage. Peut-être que l'oxygène y sera plus respirable. Le toit lui offre une échappatoire. Mettre ses pas dans ceux de Léa. Mal à l'aise pour y grimper. Malhabile pour s'y asseoir. Le vertige le saisit, et celui-là n'a rien d'imaginaire. Le sol semble tellement attirant. Il ne manquerait plus que cela… Le vent le gifle et l'éveille. Rappel à l'ordre immédiat. Sauter ne constitue pas une option. Vivre, oui. Il pose ses mains sur les tuiles à la recherche d'une prise. Regarder loin pour éviter d'avoir mal au cœur, ou à ce qu'il en reste. Doser son effort, car il faut revenir. Qui y a-t-il à inventer, maintenant ?

Une suite en célibataire. Pizza pour une personne, et personne entre les draps. Il ne se sent plus l'âge d'être beau. Mais il a encore le temps d'être aimé. C'est ça qui le fait se lever et revenir à pas prudents dans l'appartement. Il n'a pas de haine vis-à-vis de son épouse. Il veut de l'amour. Simplement. Laurence est trop pleine de haine et de violence. Il n'en peut plus. Il comprend sa fille. Il ne se comprend pas. Il est devenu lâche ou hermétique à son propre cœur. Quel est le moindre mal ? De quels maux guérit-on plus facilement ? La lâcheté se combat. Écouter son cœur exige un parfait lâcher-prise. Combattre, lâcher. Être son propre ménage de printemps, se désintoxiquer de soi-même. Là est le voyage à faire. Être courageux, en somme, s'inspirer de sa fille.

La maison est silencieuse. Il entend vaguement les pas de Laurence dans la chambre. Il lui faut agir vite, avant que cela ne devienne encore plus insupportable. Il sait qu'elle est capable de tout. De se laisser mourir pour attirer l'attention. De se laisser partir pour qu'elle revienne. Il n'y a pas le moindre amour dans tout cela, seulement la volonté d'aller plus mal qu'elle. Celle de lui prouver qu'elle a tort. Celle d'exercer son pouvoir irréel sur les êtres et les choses. Des années de soumission et soudain la fuite. Elle se voyait mère d'un enfant malade. C'était son sacerdoce. Elle tirait de cela une aura à part. De la compassion dans le regard des autres. Elle exultait d'aller bien quand Léa était au plus mal. Elle, le rempart, le modèle, l'exemple. La soignante maléfique qui entretenait le mal et son illusion.

Il comprend soudain. C'est vertigineux quand le cerveau et le cœur prennent conscience en même temps d'un fait. Il faut extraire la méchanceté qui la gangrène. Il faut la soigner. Il faut l'interner. Il se souvient vaguement de Léa qui lui parlait de l'enfermement de Camille Claudel.

Mais il a oublié les détails. Dans ce cas précis, ça n'était pas un acte d'amour. Il n'est pas sûr que son action en soit une. Il est avant tout question de sauver sa propre vie. Encore de la lâcheté ou déjà un moyen de laisser passer l'air entre ses doigts. Il sort de l'appartement en courant. Dévale les étages et les marches. Il lui faut un endroit, un lieu sécurisé. Il sait déjà que la suite va être terrible. Il n'a jamais aimé les nuits d'orage.

You Dear

Je n'ai rien à faire que déjà la porte s'ouvre. Pas pour moi, bien sûr. Un brun, barbu, en sort. Casquette vissée sur la tête, il ne ressemble en rien à l'image que je me suis faite de lui. Putain d'imagination. Joseph. Je sais que c'est lui.

Il farfouille dans sa poche à la recherche de ses clés. La démarche est fastidieuse. Je l'observe calmement. Porte qui claque, clé qui tourne dans la serrure. Et moi devant lui. Enfin, à quelques mètres. Mon duvet, mon sac à dos. Ma liste à la main. Si je n'avance pas, je vais rester un bon moment sur le trottoir. Risqué, en pleine canicule. Un pied après l'autre, je vais à sa rencontre. C'est pire que dans un film. J'ai l'impression de me mouvoir au ralenti. Bouche sèche, lèvres pâteuses. Il me voit. Enfin, il me voit venir vers lui. Je prends comme un geste d'encouragement le fait qu'il n'ait pas un mouvement de recul.

— Bonjour.

Être là me paraît fou. Et pourtant c'est bien moi, Léa, qui me tiens devant mon premier 12 bis.

— Bonjour.

J'aurais dû préparer un texte à apprendre par cœur pour me donner un peu de contenance. Il me regarde. Je le dévisage. On s'observe.

— Vous êtes Joseph ?

Son regard se plante enfin dans le mien. Ma demande le surprend, je le sais. Je savais que ce serait difficile, d'arriver comme ça, chez des inconnus. De leur faire part de mon histoire et d'espérer quelque chose en retour. J'aimerais faire taire cette sensation en moi. L'espoir ne sert qu'à être déçu. Je vois déjà la nuit dehors.

— Et toi, tu es qui ?

Un accent léger, basque, peut-être ? Je n'ai pas peur, je cherche juste mes mots. Lui parler simplement. Ne pas lui faire peur. Même si, à l'instant, ce sont mes jambes qui flageolent et mon cœur qui fait plus de bruit qu'un roulement de tambour.

— En fait, je m'appelle Léa.

— Et on est supposés se connaître ?

— Non.

— Dans ce cas, comment tu connais mon prénom ?

Je pourrais être rassurée par ce tutoiement, mais je sais que le « vous » ne doit pas franchir souvent les lèvres qui me font face. Il semble rugueux au premier abord. Sauvage, aussi.

— Vous êtes sur ma liste.

— Tu fais des listes de gens, toi ? Drôle d'activité, non ?

— En fait, nous avons un point commun. En tous les cas, au moins un…

Il avise mon sac et sourit :

— La fugue ? T'es partie de chez toi ?

— Oui, je suis partie, et non, je ne me cache pas. Moi aussi, j'habite avenue du Maréchal-Joffre.

— Je ne t'ai jamais vue dans la rue.

— Pas cette avenue du Maréchal-Joffre, une autre.

— Et où ?

— À Houilles.

— Connais pas.

J'ai envie de lui dire qu'il ne loupe rien. Je le regarde me détailler. Mes cheveux remontés en chignon maladroit, ma peau pâle qui cuit sous le soleil. Mon T-shirt trempé de sueur, mon short et mes baskets. Les sacs à mes pieds trahissent ma vadrouille à long terme. Joseph est beau… Cette réflexion traverse rapidement mon esprit puis s'en va faire un tour. Jean et T-shirt hors d'âge, attitude de léger repli, il a un charme brut. Toujours devant sa porte, qu'il protège de sa hauteur, il alterne regards dans ma direction et coups d'œil alentour.

— C'est à côté de Paris.

— Trop loin pour moi. Et tu fais quoi ici avec tes sacs, loin de la capitale ?

— Je suis venue vous rencontrer.

— Pourquoi moi ?

— C'est un peu compliqué.

— Ça l'est toujours. Essaie.

Que cet homme en face de moi me pense fugueuse m'effraie un peu. Ai-je l'air totalement paumée ? Me voit-il comme une fugitive ? Je me sens ridicule dans ma folle démarche. C'est évident que je dois avoir l'air perdue. L'air d'une jeune fille en perpétuelle errance ayant grandement besoin d'un coup de main. Il ne montre pas d'impatience. Joseph a des mains remarquables. J'y arrête mes yeux. L'une tient toujours ses clés, l'autre est enfoncée dans sa poche. Ces mains-là travaillent. Elles semblent plus vieilles que le reste de son corps.

— Je veux savoir si, quand on a une adresse banale dans une ville quelconque, on peut avoir un destin.

Un long silence suit ma réponse. Joseph prend la mesure de ce que je viens de lui dire. Je sens la sueur couler le long de mon dos. J'ai soif et besoin d'ombre. Que c'est long, l'attente de l'autre. Ce voyage est aussi là pour ça. Me faire comprendre que ce que je provoque déclenche forcément une réaction en chaîne.

« Avoir un destin. » C'est peut-être un peu ambitieux, comme entrée en matière, et pourtant il n'est question que de cela. Peut-on être heureux à une adresse ordinaire, dans une ville quelconque, en étant soi-même pas grand-chose ? Quand on est cloué au sol par une histoire qui n'est pas la sienne et un héritage dont on ne veut pas, peut-on trouver une échappatoire vers soi ? Vers son chemin, sa route, sa voie. J'ai peur du mot destinée. Il a un côté divin qui m'échappe. Peut-on faire quelque chose de soi-même quand on a juste l'impression de n'être ni au bon endroit ni au bon moment et, me concernant, pas dans la bonne époque ? Qu'on n'entre dans aucune des cases où les autres vous mettent. Les autres et leurs a priori.

C'est pour ça que je suis partie. Le melon sous cloche n'en pouvait plus d'être jugé et observé. J'ai trop de fois laissé la possibilité aux autres de m'engloutir sous leur regard et de l'estimer plus juste que le mien. Plus grands, plus sages. C'est pour ça que ma mère est sans doute couchée dans son lit dans l'attente de mon retour. De mon échec. Elle veut que je retrouve la direction de ses yeux. Regarde donc par là, ma jolie, et oublie tout. Je suis ta boussole. Ça aurait été dommage de rester là, dans ce mauvais sens. J'aurais loupé les mains de Joseph, et son regard.

— Elle est étrange, ta demande. À ton âge, on a plutôt envie de sortir, de s'amuser. Toi, tu es en quête ?

— Je préfère dire en itinérance initiatique, même si ça sonne d'un autre temps. Je ne suis pas très en phase avec mon époque.

— Et ça fait longtemps que tu prépares ça ? Enfin, tes proches sont au courant et…

— Joseph, je suis majeure, je ne suis pas là pour créer des problèmes à quiconque.

— En général, les problèmes me trouvent, même quand je ne fais rien pour ça.

Un regard à la ronde. Personne dans la rue. Et la chaleur de juillet.

— Tu attends quoi de moi ?

— Un peu de temps… Pour me parler de vous. Et un coin pour dormir. Je ne prends pas de place. Pour le reste, je peux me débrouiller.

— C'est quoi, ton prénom, déjà ?

— Léa.

— Écoute, Léa, je ne pense pas que ce soit une bonne idée. Je n'ai pas le temps pour ça. Je ne sais pas parler, en plus. Le destin m'a échappé pendant des années et je commence à peine à l'effleurer du doigt. Je ne suis pas la bonne personne pour te répondre. Il faut que j'y aille. Désolé.

Le bruit des pneus confirme l'information. Il est parti. Je me suis plantée. Première rencontre, premier échec. Je savais qu'il allait y avoir des embûches. Mais pas là, pas comme ça. Pas lui, pas Joseph ! Je dépose mon sac à dos contre la porte à la recherche de l'ombre. Ça me coupe un peu les jambes. Non, soyons honnête, ça me fout clairement à terre. Appeler papa ? Lire sa lettre ?

En thérapie, je m'enguirlandais souvent pour mon incapacité, parfois, à me relever d'un choc, d'une douleur. On me disait courageuse. Je n'étais pas d'accord. Je ne le suis toujours pas. Pourtant, je me lève et cherche sur mon téléphone l'hôtel le plus proche, enfin, dans mon budget. Feu mon PEL n'est pas un puits sans fond. Il se peut que je n'aille pas voir tous les 12 bis… Je m'aperçois de la fragilité du projet. C'était peut-être ça que ma mère qualifiait d'« inconscient ». J'ai tout imaginé, mais rien organisé. Ou plutôt tout planifié selon mes propres attentes. Dans mes calculs, j'ai oublié les autres. Je déboule avec mes envies et mes rêves dans leur vie plus ou moins organisée. Eux n'ont pas demandé à se confronter à ça, moi, mes questions existentielles et le reste. Pourtant, ils sont la composante qui peut me permettre de répondre à cette question qui devient un leitmotiv. Avoir un destin à une adresse démultipliée, c'est possible ou pas ?

Les autres, c'est ça que je suis venue chercher sans en avoir conscience. Et je me retrouve face à moi-même et à mon propre miroir – ce dont je voulais être épargnée le temps d'un été. Je cherche mon carnet, car il doit bien y avoir une expérience à tirer de cette attente sous le soleil. Où est ma bouteille d'eau ? Le crayon à la main, je griffonne : « Mes larmes ont toujours un goût de sel. » C'est bon de se souvenir que je peux être comme les gens normaux et pleurer moi aussi. Même si j'ai horreur de ça. Je note encore : « Ça n'est pas parce que tu décides une chose en y mettant toute ta volonté que cette dernière va se réaliser selon ton désir. La vérité est ailleurs… Pourquoi pas en toi ?! » Voilà la vraie leçon de l'instant. Je m'étais persuadée que Joseph et les autres allaient me faire grandir. Alors qu'au fond, la lumière, c'est moi. Enfin, la veilleuse… Ce n'est déjà pas si mal, d'être son propre astre. Quatre cents kilomètres pour réaliser ça, ça fait cher la révélation. J'aurais peut-être dû envisager cette hypothèse au préalable. Dans ma maison sous les toits plutôt que sur ce morceau de bitume brûlant. Un souvenir d'enfance passe entre deux larmes : quand j'étais petite, ma mère m'appelait son « petit soleil ».

Allez, bouge-toi, Léa, tu vas fondre. Ou finir à la gendarmerie. Pourquoi Joseph avait-il l'air si inquiet de ma présence ? Cette histoire de problèmes qui finissent par le trouver… Il n'a pas une tête de truand. Quoique… Je lui ai fait peur, avec mes grandes phrases et mes discours. Le destin, quelle blague. J'aurais dû lui dire… Quoi, au fond ? Je ne suis douée qu'avec la vérité. À la rigueur, une légère omission. Je ne sais pas étouffer les faits ou les transformer. Impossible de feindre. J'aimerais tellement. Ça me rendrait la vie plus facile. Celle des autres aussi, j'imagine. Sur ce point, je suis socialement inadaptée. À l'hôpital, on ne ment pas. J'ai gardé de ces couloirs blancs l'envie de transparence. Quitte à passer pour une fille bizarre qui dit toujours ce qu'elle pense. Manquerait plus que je m'excuse, tiens. Alors oui, mon voyage est étrange, oui, il peut faire peur ou heurter la sensibilité d'autrui. J'aimerais en être désolée.

Je me redresse, avise la route à suivre en l'espérant à l'ombre, j'attrape mes sacs et j'avance. Je reviendrai demain, je ne vais pas lâcher en si bon chemin. Cette histoire est la mienne. Les autres en sont les satellites. Cinq kilomètres, ça use, ça use. Ça me casse les pieds, surtout. Marcher reste un effort. Ça prendra le temps qu'il faudra, mais je ne dormirai pas dehors ce soir. Ni les suivants. Il finira par m'écouter, Joseph. Et les autres aussi. J'avance vers un hôtel de seconde zone. Mon karma pour la vie : une adresse vide de toute histoire. Quatre kilomètres à pied, ça use, ça use. Et avec le moral dans les souliers c'est plus lourd d'avancer. Je ne remarque pas tout de suite les appels de phares et la voiture. Conversation muette en plein jour. Dialogue urbain qui commence. Il s'arrête. Ça bat la chamade. Est-il revenu par pitié ou piqué par la curiosité ?

— Tu vas où, comme ça ?

— À l'hôtel.

— Ah.

— Écoutez, j'ai bien compris que ma demande et mon histoire vous mettaient mal à l'aise. Alors j'y vais.

— Reste.

— Pardon ?

— Je te dis de rester.

Les mains dans les poches, Joseph est un homme de peu de mots. Le cœur semble bon. Pour le reste... Il ouvre le coffre.

— Trouve un peu de place pour tes affaires. Attention aux sacs de graines. Allez, monte.

Sujet, verbe, complément. Action, réaction. Je ne demande pas autre chose. J'obéis. Assise. Le retour se fait en un clin d'œil et dans le silence. Moi le nez sur la route, lui dans les rétroviseurs. Comment avancer en regardant systématiquement vers l'arrière ? Quel danger imagine-t-il ? Pour avoir souvent pratiqué cette gymnastique, je sais que ça signifie que la tête et le corps ne cheminent pas ensemble. Maintes fois, ma tête faisait les quatre cents coups pendant que mon corps restait immobile. Dans mon esprit, j'étais en boîte de nuit. Dans les faits, j'étais sous perfusion. Les accorder prend du temps. Faire avancer le corps et l'âme, c'est mettre sa vie en musique. C'est aligner les croches, des noires et des blanches et trouver le rythme. Tout en évitant trop de silence. Bruit de moteur qu'on coupe. Me revoilà devant le 12 bis, avenue du Maréchal-Joffre.

— Viens.

Sac à dos, sac de couchage, sac de graines. Joseph précède. J'ouvre des yeux ronds. La maison est figée. « Dans son jus », pourrait-on lire sur une annonce. Un paradis pour amateur de gros œuvre. Papiers peints défraîchis aux murs, carreaux de ciment au sol et tomettes dans la cuisine.

— Excuse le désordre, je ne reçois pas souvent.

Dans le salon, les rideaux sont tirés. Je devine de grandes fenêtres et un extérieur. Joseph me conduit devant l'escalier.

— Monte, deuxième porte à gauche. Tu peux t'installer là. Tu vas rester longtemps ?

— Quelques jours au plus et puis je m'en irai.

Lui dire merci dans un sourire, le laisser économiser ses mots. Je n'en reviens pas. Prise de conscience en montant les marches. Il est revenu, je ne dors pas dehors. En poussant la porte, je découvre un lit, un bureau et une armoire. Le tout semble sortir d'une brocante. À moins que cela ne soit d'époque ? Une jarre au sol devant une jatte en grès. La poussière un peu partout, une araignée qui danse dans un rayon de soleil et moi. C'est plus qu'il n'en faut. Je jette mon sac. Les ressorts du matelas grincent. Je ferme les yeux dans cette pièce d'un autre temps. Que fait un jeune homme dans une demeure de vieille dame ? Coup d'œil à la porte. Elle ferme à clé. On n'est jamais trop prudente. J'adresse un message à mon père, tout en tournant mes pouces sept fois afin de trouver le ton juste de la missive. « Bien arrivée à Mérignac. Vais bien. Première étape au 12 bis en cours. » Cela manque tellement d'amour que ça me peine. Je repense à la lettre froissée dans ma poche. Plus tard. J'hésite à fermer derrière moi.

— Tu as faim ?

La question qui fâche.

— Plus tard, peut-être. Je veux bien un truc à boire.

— Sirop de mûres du jardin.

— De votre jardin ?

Hochement de tête et soudain… C'est sucré, amer, ça colore la langue. Vive le sirop. D'un coup, j'ai huit ans et je veux une grenadine. Sensation oubliée de l'envie de sucre. Papilles en délices. Je me réveille d'une léthargie de saccharose. C_{12} H_{22} O_{11}. Je revois les tartes aux pommes du dimanche. Et les orangettes plongées dans le yaourt nature. J'ai rêvé d'un millefeuille dans le train. Maintenant, j'en ai envie. Une sensation concrète qui creuse mon estomac. Ce violet profond, presque noir, réveille des images de barbe à papa.

Joseph ne devine rien de cette joie. Assis l'un en face de l'autre, une table en formica entre nous. Quelque part, un réveil bruyant. J'ai toujours eu les pendules en horreur. Petite, quand j'allais dormir chez ma grand-mère, je les cachais au fond d'un tiroir. Entendre le temps qui passe m'est insupportable. J'ai développé la même aversion pour les réveils analogiques. La faute à l'hôpital.

— Alors ?

— C'est bizarre, pas vrai ?

Rester concentrée sur l'émotion sucrée, oubliée et retrouvée. Le reste va être simple.

— Tu as prévenu tes parents que tu allais bien ?

Erreur sur toute la ligne, ça va être compliqué.

— Oui.

— OK, je t'écoute.

— Je m'appelle Léa, j'ai dix-huit ans. J'ai passé la moitié de ma vie à l'hôpital. Un jour, j'ai décidé d'aller mieux. Pour accompagner cette guérison, il me fallait un but. C'est ce voyage. Je n'aime pas mon adresse, en revanche, j'aime les histoires, et j'ai décidé de commencer la mienne.

Blues for Mama

Revenir dans cette chambre, dans cette aile d'hôpital qu'elle ne connaît que trop bien ressemble à un pied de nez. Elle souhaitait si fort y retourner avec Léa pour reprendre sa place. C'est raté. Alitée, allongée, presque attachée. Sa liberté de mouvement ne tient à rien. Peut-être au simple fait de respirer. Combien de temps s'est écoulé depuis son arrivée ?

Léa, où est Léa ? Et lui, pourquoi est-il toujours là ? Les souvenirs affluent dans le mauvais ordre. Elle se souvient de la privation de nourriture. De la solitude. Du manque de sa fille. De la sensation de perdre pied. Son arrivée dans le monde des demi-morts, elle ne se la rappelle plus.

Les yeux clos, elle devine ses mouvements. Elle le devine en train de tourner autour du lit. Elle n'en peut plus de sa présence et, elle le sait, une fois de plus, elle devra provoquer la dispute pour faire sortir le poison. Elle n'a jamais été cette femme. Cette créature composée, à parts égales, de méchanceté et de véhémence. Elle sent dans ses veines battre la vengeance et le statut de monstre.

Elle voudrait crier, pleurer, mais à quoi bon ? L'issue est limpide. Depuis quand l'évidence lui mord-elle le cœur ? Courageuse, encore. Laurence aimerait être autrement. Désirée, aimée, soutenue. Pour le reste, elle ne sait pas trop. Aujourd'hui, c'est son corps qui lâche. Pantin sans fils à l'allure hésitante. Qu'a-t-elle donc fait de sa belle assurance ? Il est là, encore... Allez, dans quelques minutes, tout sera fini. Ouvrir les yeux et parler vrai, enfin. Redevenir celle qui sommeille quelque part entre la douleur et la méchanceté. Redonner du baume à ses ailes coupées. Moignons nus et à vif entre ses omoplates douloureuses. Respirer, dire.

— Au fond, c'est ta faute, tout ça...

— Tout ça quoi ?

— Moi. Je suis devenue quelqu'un que je déteste. Une femme triste et morne. Une folle. Une chieuse.

Laurence regarde le mur. C'est mieux que de le regarder, lui. La sensation est au-delà de la douleur. Et ce qui lui fait le plus mal c'est de se sentir faillir près de lui. Elle veut dire les choses de manière neutre. Si elle croise son regard, elle sait qu'elle va avoir mal. Un mal de chien. Et elle s'en veut encore plus. Avoir mal pour rien. Avoir mal pour un homme qui aime si mal. Mais quelle idiotie !

— Ne dis pas ça. Laurence. Tu vas mal, c'est un temps, tout au plus. Tu vas redevenir toi-même.

— Redevenir moi ? Tu reconnais donc que j'ai changé. C'est même la triste vérité. Je déteste ce que ton amour a fait de moi. Comment peut-on éprouver si fort et si mal à la fois ?

— Il faut être deux pour aimer.

— Tu as raison, j'ai ma part de responsabilités. Je me suis trop oubliée. La maladie de Léa était un refuge idéal pour ne plus penser.

— Moi aussi, j'ai souffert, tu sais. Trouver ma place entre elle, toi…

— J'espère bien. Je n'aspire pas à être la seule à en baver. Mais, toi, tu avais des échappatoires.

— De quoi tu parles ?

— Tu le sais, Laurent. À tes mensonges j'aurais préféré un peu de courage. Un peu d'honnêteté. Tu as toujours su où me trouver pour t'aider, pour te tirer vers les cieux. Pour faire taire les doutes. C'était pour mieux fuir. Je le vois aujourd'hui, l'être monstrueux que tu es. Au fond, l'état de Léa, tu te le dois.

Laurent est debout. Il cherche une prise, c'est un mouvement discret, imperceptible. Mais Laurence, les œillères en moins, capte ce pas de côté.

— C'est ignoble, ce que tu dis.

— C'est ignoble, ce que tu me fais. Remarque, c'est pratique. Ta fille partie, ta femme hospitalisée, tu vas pouvoir savourer ta liberté.

— Laurence, tu es dans cet hôpital parce que tu es malade. Tu ne t'alimentes plus. Tu es agressive. Ça ne peut pas continuer.

— Tu as raison. Continuer avec toi est un non-sens. J'aurais préféré que tu partes, d'ailleurs, sans m'imposer ça.

— Pourquoi ?

— Je t'aurais imaginé disparu ou mort, ça aurait reposé mon esprit. Au lieu de ça, tu m'isoles au milieu de blouses blanches et tu vas faire ta vie. J'aurais apprécié que tu laisses mon esprit en paix.

Comment peut-on se dire des choses pareilles après s'être tant aimés ?

Laurent est face à elle. Il la regarde sans la voir. En fait, il regarde juste au-dessus de sa tête, technique classique, souvenir d'un cours de théâtre. La direction du regard est bonne, pas l'intention.

— Laurent, comment t'aimer tout court ? Il n'y a jamais rien eu de vrai en toi. Tu es de l'air. Tu t'engouffres dans la vie des gens pour y prendre place. Tu balaies ce qu'il faut pour qu'on ne voie plus que toi. Tu réchauffes le cœur de l'autre avant de disparaître dans un tourbillon. Je suis peut-être hospitalisée, mais, de nous deux, le malade, c'est toi.

Il bouge. Elle espère qu'il va se résoudre à quitter la pièce. Qu'il ne va pas voir que ce masque de colère dissimule de moins en moins celui de la douleur. La jalousie, elle ne l'a pas inventée. Elle a vu les signes, les messages. Et le reste. Elle a fermé les yeux, parce que Léa avait besoin d'eux. Ce poison, elle l'a ressassé trop longtemps. S'arrêter de manger n'était pas une bonne idée, ça lui donne une raison de l'immobiliser, de la cloîtrer davantage dans un état dont elle ne veut plus. Elle pense avec tendresse à Léa. Depuis le départ, elle connaît les raisons de la fuite. Elle sera juste une statistique de plus. C'est pourtant si banal d'être trompée… 130 000 cas de divorce par an en France, quant au motif, l'infidélité est le premier cité. Elle sait, elle le savait. Elle n'a rien dit. Cet arrangement avec elle-même, elle décide aujourd'hui d'y mettre fin. Même si ça tiraille son cœur. Pour Léa, ça a été l'arrangement de trop… Et si ce départ était un signal de tendresse ?

Il faut qu'elle lui parle, qu'elle lui adresse un signe. Qu'elle lui dise : « Je sais. » Elle sent qu'il y a urgence. Parler avant lui. La relation père-fille est forte. Depuis des mois, elle est celle qui fait de travers, parle mal, insulte, provoque, agace, horripile, braque. Un personnage de mauvais rêve. Qu'il parte, mais vite. Elle n'en peut plus, de donner le change.

— Pars, maintenant, je suis fatiguée.

— Je t'apporterai un sac avec d'autres affaires.

— Pas la peine, je ne vais pas rester.

— Il faut que tu te soignes.

— Et toi aussi.

— Mais, bordel : tu ne peux pas assumer que tu es malade, que tu as ruiné les six derniers mois de notre famille ? Que c'est à cause de toi que Léa a quitté la maison ?

Il s'essouffle. Elle sourit.

— Léa sait.

— Quoi ?

— Que tu es un menteur. C'est pour ça qu'elle est partie. Elle a sauvé sa santé et son cœur. Et c'est mieux ainsi.

— Tu es malade…

— Déjà dit. Et, au risque de me répéter à mon tour : pas de maladie sans infection. Pas de douleurs sans raison. Je déteste ce que tu as fait de moi. Je hais l'idée d'avoir été à tes yeux un esprit plus qu'un corps. Combien de nuits sans amour parce que tu souhaitais te recentrer ? Combien d'orgasmes manqués parce que tu étais concentré sur ton propre plaisir. Combien de caresses données à d'autres ? Tu as fait de moi une femme jalouse et une femme à demi. Tu as nié mes désirs. Quand le corps n'exulte pas, c'est l'esprit qui se venge.

Là, il va forcément partir. Quitter la pièce. Elle va pouvoir l'appeler et lui dire qu'elle pense à elle. Trop tôt pour un « Je t'aime », elle finirait par l'inquiéter. Passer d'un état à l'autre aussi brutalement serait signe de folie. Elle doit se préserver. La préserver. Il doit partir. Cet entre-deux n'est plus tenable.

Laurent est toujours devant la fenêtre. Elle est déjà dans l'envie d'après. Elle a compris le jeu, le manège, les mensonges et le reste. Ça la ronge depuis des semaines, des mois. Peut-être même depuis toujours. Pourtant, devenir sa femme avait été un réel désir. Plus grand que le reste. Que les regards de biais de ses amies et la méfiance de ses parents. Elle avait été heureuse au début. Et puis trop vite l'affection au lieu de l'amour. La routine substituée au désir. Les petites phrases assassines. Les colères pour rien. Les fleurs pour demander pardon. Et puis ça recommençait. Cette violence verbale, insidieuse. Où dormait-il quand elle passait ses nuits à l'hôpital ? Où était-il le matin quand elle rentrait, vidée, après une énième nuit sans sommeil ? La mère courage, l'homme volage. Ça rimait, mais ça rimait mal. « Quel beau couple vous formez, vraiment, c'est admirable… » Les gens parlent et parlaient. C'est comme ça qu'elle avait su. Les regards des femmes par-dessous leurs longs cils ; les conversations à voix basse des hommes. Combien de fois avait-elle mordu l'intérieur de sa joue pour ne pas pleurer ? On ne devient pas folle sans raison. L'amour en est une. Un amour trahi plus que perdu. Un amour qui s'est délité avant qu'on ait eu le temps de dire « ouf ». Un amour qui se met à faire si mal qu'on agresse tous ceux qui vous entourent pour que ça ne vous blesse plus. La douleur avait atteint son paroxysme, il était temps de tourner la page.

Il pouvait partir. Sûr d'avoir le beau rôle entre une jeune femme presque sauvée et une épouse devenue ingérable. Il ne passerait pas pour un lâche, pour un homme en désir d'adultère. Non, il serait la victime, une nouvelle fois, de son insupportable femme. C'était si bien orchestré. Il fallait lui reconnaître ce talent. Pour une fois qu'il excellait quelque part. Combien seraient-elles à l'attendre ? À combien avait-il dit : « Tu me fais une place, ce soir ? J'ai besoin de tendresse » ? L'hypothèse même d'un chiffre lui donnait la nausée. Deux choses comptaient : recouvrer la santé et joindre Léa.

Une blouse blanche entre dans la pièce. C'est le médecin de Léa. Lui sourire, il est trop tôt pour s'excuser.

— Comment vous sentez-vous, ce matin ?

— Mieux, merci.

— Vous supportez les sédatifs ?
— Oui, j'ai enfin fermé l'œil sans…
— Sans quoi ?
— Sans peur de cauchemarder.

Ce médecin a l'œil rassurant. C'est aussi une éponge à émotions. Elle ignore comment il fait pour ne garder que le meilleur de ses journées. Il détecte sur ses lèvres un premier sourire sincère. Il sait. Il en voit, des parents d'enfants malades plonger, pleurer, revenir, partir. Elle, elle est toujours restée. Il devine la beauté de cette femme cachée derrière des cernes noirs et des mains agitées de tics. Il est conscient qu'elle n'est pas devenue ainsi du jour au lendemain. Il sait que tout ce trop, toute cette douleur explose aujourd'hui. Lui n'est pas lisible. Anguille à sang froid. Là sans être là. Présent uniquement aux moments importants. Mieux que rien. Mais pas assez. Ce médecin sent que sous les non-dits et les crises se cache quelque chose de plus profond et en même temps de plus simple. Il trouvera. Il n'est pas pressé. L'urgence, c'est de s'occuper d'elle. De la remettre sur pied. De lui faire retrouver le chemin du cœur. Le sien d'abord pour évacuer la colère. Celui de sa fille ensuite. Il connaît les nuits sans sommeil. Tout ce que Laurence a accumulé de douleurs et de doutes. Absorbé. Son âme déborde, n'en peut plus. Tout est une question de dosage. De niveaux. Parfois, l'humain aurait à gagner à se comporter avec la même régularité qu'une perfusion. Elle a besoin de calme. Elle a besoin de parler.

— Bien, je repasserai plus tard, en attendant, reposez-vous.

Joignant le geste à la parole, il sort et invite le mari à en faire autant. Légère hésitation, mais l'opportunité est trop belle.

Laurent suit le mouvement, trop heureux de s'échapper enfin. La présence médicale lui offre une superbe opportunité, celle de prouver aux yeux du monde scientifique que son épouse est folle à lier. Le constat que le médecin va faire est obligatoirement sans appel. De ce fait, Laurent peut s'offrir un passeport pour la liberté. Quelle chance…

— Alors, docteur, vous pensez qu'elle va s'en remettre ?

— Oui, je le pense, je note déjà des signes encourageants.

— Ah.

— Ça n'a pas l'air de vous réjouir.

— Pardon, ma vie n'est pas facile en ce moment…

— Votre vie, oui, je comprends, le départ de Léa est une étape dans sa guérison, mais elle laisse la place au vide.

— Il n'y a pas que ça. La relation avec Laurence est éprouvante. Je n'en peux plus, d'être humilié. Elle ne parle plus, elle hurle. Elle ne s'exprime plus, elle revendique. Je vis avec une furie.

— Ou avec une femme malheureuse, c'est à voir.

Laurent ne s'attend pas à ça. À cette compassion immédiate et à ces nouvelles presque encourageantes. Ce soignant n'a-t-il pas de mémoire ? Il y a encore quelques semaines, Laurence l'insultait dans son bureau ! Et aujourd'hui il n'est que rondeurs.

— Vous me jugez ?

— Non, je constate. Pour le jugement, vous pouvez vous en remettre à Dieu si ça vous chante.

— Je suis athée.

— Comme c'est pratique.

Laurent avance vers lui. Il doit protéger son espace et sa fuite. L'homme en blouse blanche est un danger. Il pressent son regard qui juge et qui sait. Menacer sans trop le montrer. Imposer sa présence et sa force sans provoquer chez l'autre de défiance. Même si, sur ce terrain, Laurent sent qu'il perd son avance...

— Vous vous moquez de moi ?

— Non, c'est un loisir que je n'ai pas. Mais j'ai une excellente mémoire. J'ai vu votre épouse tout au long de la maladie de votre fille. On ne sort pas de là indemne. Parfois, on n'en sort même jamais. Concernant Laurence, son mal puise dans des origines bien plus lointaines.

— Sa famille, son passé ?

— Peut-être, et puis vous aussi.

— Je suis sa famille.

— Son histoire et son passé.

— Vous me sortez un peu vite de sa vie. Et puis qu'est-ce qu'un médecin qui parle d'amour ? Vous ne savez rien. Vous n'avez jamais rien su. Vous avez soigné ma fille. Maintenant, ma femme. Faites votre travail et foutez-nous la paix.

— Je fais mon travail, oui. J'observe.

— C'est une menace ?

— Non, un fait.

Le couloir est vide. L'un et l'autre se tiennent devant la porte de la chambre. Ils s'observent. Depuis des années qu'il le croise, Laurent découvre un homme légèrement plus âgé que lui, plus grand. Un physique de rugbyman dissimulé par la blouse. Du calme et du charisme. De la profondeur et du sang-froid. Son antithèse, en somme.

— Vous la défendez, c'est ça ? Après l'avoir prise pour folle dans votre bureau alors qu'elle exigeait de voir un autre spécialiste, maintenant, vous la défendez. Mais c'est le monde à l'envers ! Je veux voir le directeur de l'hôpital. On n'a jamais entendu un médecin prendre ses aises comme ça... On appelle ça « l'ingérence ». Alors faites-moi plaisir : dosez vos pilules et gardez vos conseils.

Laurent tourne les talons. Il bouillonne. Il se veut inattaquable. Pas question qu'on décèle chez lui la moindre faille. Il doit joindre Léa, il faut qu'il lui parle. Reprendre son souffle, arrêter l'ascenseur. Le soleil le cueille. La chaleur aussi. Il va lui dire les choses simplement pour ne pas l'alarmer. Être son père pour toujours, mais vivre sa vie. Paris est plombée par le mois d'août. Marcher à l'ombre. Réfléchir. Il sait qu'il doit parler à sa fille, mais il doit roder son discours. Être convaincant. La laisser aller au bout de son projet. Mais être là au cas où. Ne pas la faire revenir trop tôt.

La seule préoccupation, derrière ces belles paroles, c'est : comment préparer son départ à lui. Comment éviter l'appartement et les repas en solo ? Quelle est celle qui l'accueillera le mieux ? Celle à qui il pourra dire : « Je l'ai quittée pour toi », et tout obtenir sans concession derrière.

Avisant un café, il se pose. Le brumisateur de la terrasse apaise pour quelques secondes la chaleur qui l'étreint. Il veut choisir sans renoncer. Il veut tout. Pouvoir essayer, réfléchir. Calculer. Ne pas se tromper. Et en même temps comment renoncer à un peu de légèreté ? Tout le monde ferait comme lui. L'été lui pose un problème. La trêve estivale attire les filles à la plage plutôt que dans les rues du 10e arrondissement.

Il sait, soudain, et son visage s'éclaire. Ça va être unique et magique. Il voit déjà l'annonce et la suite. La nuit, le petit matin. Son corps parfait à savourer et ses caresses à n'en plus finir. Il sera celui qui a tout quitté pour elle. Elle ne pourra rien refuser. Ils se feront un week-end romantique pour bien commencer cette histoire. Un moment qu'elle pourra évoquer avec ses proches, soulignant combien il est merveilleux. Léa attendra. Il a un coup de fil important à passer.

Big Flame

Un, deux, trois, cinq jours ? Trois, cinq, sept nuits ? Je renonce à compter. J'ai enfermé ma montre dans le tiroir de la table de chevet. Et mon téléphone passe la journée dans ma chambre. Le réseau est trop mauvais, et puis qui appeler ? J'ai eu un message étrange de papa. Un SMS de maman. Quelque chose se passe et je suis loin. Quelque chose se passe et je ne suis pas là. Quel bonheur, de sentir le monde vaciller et d'être capable de ne pas s'en soucier.

La toile cirée, vous vous souvenez ? Je crois que je progresse en la matière. D'ailleurs, tous les matins, j'en imagine une nouvelle version. À carreaux, fleurie, unie. Ou encore de cette couleur indéfinissable qui orne la table de la cuisine… Je n'ai pas lu la lettre de papa. Elle est froissée au fond de mon sac. Je vais trop bien pour me laisser envahir par des émotions contraires. Cette nuit, il rôdait dans mes rêves. Il avait l'air préoccupé et distant. Il y avait une drôle d'aura autour de lui. Rien de rassurant. Il semblait me frôler, me retenir d'avancer.

Je me suis réveillée un poids sur le cœur. L'espace d'un cauchemar, je l'ai craint. La faute à la lune, sans doute.

Ici, j'apprivoise l'espace, le silence, et Joseph avec en oubliant les secondes. Ou bien mon assiette. Mon corps m'apporte des réponses avant le reste. Depuis que je suis à Mérignac, j'ai renoué avec une sensation oubliée. Le goût du sucre. Ça a commencé avec le sirop de myrtille, ça c'est prolongé avec les framboises. Sucre, semoule, poudre, brun, cristal ou en sirop. Je le découvre brut via mes becquées gastronomiques dans le jardin. Je papillonne, je déguste, je savoure. À petites bouchées, toujours. Même si le millefeuille est encore loin, j'ai plaisir à laisser fondre les fraises des bois dans ma bouche. Longtemps. Mon cerveau en redemande. Reconquérir un goût, c'est récupérer une partie de ses souvenirs. Commencer par le plus doux, le plus enfantin est un bonheur unique. J'ai ravivé le goût du sucre qu'on fait fondre à 170 °C pour le transformer en caramel... Je reconnais un peu de la rondeur légère des plaisirs de fin de repas.

J'apprivoise mon regard dans le miroir le matin. Ce drôle d'air qui me pousse sur le visage. Je suis une joyeuse jachère et je le dois à Joseph. Cet homme de peu de mots m'a rendu un sens. Je ne lui ai pas encore dit. Je n'ai pas envie de trop parler de la Léa d'avant, de peur qu'elle me rattrape. On se comprend à demi-mot depuis que j'ai entrevu le secret de Joseph.

J'ai peine à croire que je suis dans la même maison. C'est comme si d'un coup les cartes s'étaient renversées et que je voyais enfin son aspect exceptionnel. Un jardin, un immense jardin à perte de vue. Un bonheur en couleurs. Le paradis de Joseph. Je comprends son silence. Ici, pas besoin de trop en faire. Ici, on fait vraiment les choses. La terre ne se retourne pas toute seule. La glycine n'en fait peut-être qu'à sa tête, mais tout le reste relève de l'exploit.

— C'est toi qui as créé tout ça ?

— Oui.

— Waouh.

— Cela répond à ta question ?

— Laquelle ?

— Est-ce qu'on peut avoir un destin au 12 bis.

— Un peu. C'était comment, à ton arrivée ?

— En friche.

— Comme ta vie ?

— On peut dire ça, oui.

J'avance, je sens, je hume. Chaque parcelle est une histoire. Dans le fond, entre une cabane délabrée et des buissons d'épineux, deux poules grassouillettes se dandinent.

— Odile et Jacqueline. La pluie arrive ce soir.

Plumage hérissé, caquetantes, Odile et Jacqueline grattent la terre.

— Ton jardin ressemble à un tableau.

— Je ne connais rien à la peinture.

— Je ne connais rien aux plantes.

— Les plantes, tu sais, c'est facile. Il suffit d'en prendre soin. C'est comme avec les gens que tu aimes. Si tu les ignores, elles meurent.

— Les gens, moins.

— Cela met plus longtemps, mais on finit toujours par mourir un peu de ne pas être assez aimé.

Est-ce ce qui rend maman malade ? Le manque d'attention ? Je ne me suis jamais posé la question. J'ai toujours pensé qu'elle était jalouse de l'amour de papa pour moi. Si, au fond, il y avait autre chose. Je vais la joindre pour en avoir le cœur net. Mais plus tard. Pour l'heure, je rejoins Joseph, assis au bout de sa grande table. Devant lui, de la terre, du terreau, des graines et un moule.

— On prépare quoi ?

— Une idée. Regarde.

Ses grandes mains saisissent une poignée de terre, d'engrais, de graines et mélangent le tout jusqu'à lui donner une forme compacte. Il attrape le moule, y dépose la mixture et attend. Une boule apparaît. Il la prend et m'entraîne vers une zone dégagée. Il me la tend, en sort une autre de sa poche.

— Lance.

— Pardon ?

— Lance-la dans la terre.

Joignant le geste à la parole, il jette avec force le projectile végétal qui s'écrase sans un bruit, répartissant les semences. Je l'imite.

— Encore !

Je réitère l'expérience une fois, deux fois, c'est un jeu. Je ne connais rien aux plantes, mais je vois déjà les pois de senteur en fleur. Je m'imagine en jeter depuis quelques toitures parisiennes de ma connaissance dans des jardins secrets. Cette boule de terre est une promesse. Joseph, un poète jardinier. Pendant que les puissants de ce monde se réunissent pour limiter la hausse de la température de la planète à 2 °C, Joseph invente un moyen de la rendre moins urbaine. Un retour à la nature et au vert en jetant en l'air une bombe fleurie.

— C'est une idée extra. Tu la vends sur Internet ?

— Mais de quoi tu me parles ? Je suis jardinier, pas commercial.

— Tu plaisantes, j'espère. Ton invention, c'est un moyen à la portée de tous pour retourner à la terre. C'est un truc pour remettre un peu de nature dans la ville.

— Tu sais, j'ai juste fait une expérience. Je me dis que les mamies du coin vont apprécier.

— Mais pourquoi te contenter de ça quand tu peux avoir plus ?

— Parce que ça ne m'intéresse pas.

Ça bouillonne dans ma tête. Ça faisait longtemps.

— Ça ne va pas ?

— Non, je n'aime pas qu'on laisse tomber ses idées.

La maladie m'a appris un truc. Tu veux laisser tomber et mourir : c'est simple. C'est même le plus facile. Tu fermes les yeux, tu décides de tout lâcher et tu attends. J'y ai pensé tant de fois. Je me suis persuadée que ça devait être confortable d'arrêter de lutter. Du coton plus que de la soie. Être absorbée par le vide. Ne plus penser. Je n'ai pas franchi le pas. Non, pas par courage, ça n'a rien à voir. Du jour où j'ai décidé de m'en sortir, je me suis également promis de faire du beau autour de moi. Déjà, parce que c'est plus facile que faire du beau en moi (même si je suis persuadée que l'un ne va pas sans l'autre). Faire du beau, c'est recoloriser ses émotions. Remettre le goût du sucre dans ma bouche. Faire comprendre à Joseph que son idée est démente. Je viens de me trouver un nouvel enjeu. Je vais en avoir, des émotions à noter dans mon carnet, ce soir…

True Sorry

Mon amour, mon petit chat,

Depuis quand ne t'ai-je pas appelée ainsi ? C'était ton surnom préféré quand tu étais enfant. Dans cette vie d'avant où tu ne me voyais pas comme un monstre mais comme ta mère.

Tu me manques.

J'essaie de deviner ta présence dans ce silence sans fin. Je vais mal et mieux. Je suis à mon tour à l'hôpital.

Quand je dis à mon tour, c'est faux. Je n'ai jamais eu l'impression de vivre ailleurs qu'ici. Au cœur de cet espace confiné, à tes côtés, j'étais utile. Je veillais sur toi. Tu te rappelles ces nuits où je me collais contre toi et où je te racontais des histoires sans queue ni tête pour te faire oublier la douleur aiguë qui te rongeait le ventre ? T'en souviens-tu, ma Léa ? De ta main dans la mienne jusqu'au bout du monde. De ces promesses folles qu'on se faisait. Pour repousser la maladie et avoir moins la trouille. Mille fois, je t'ai vue partir. Mille fois, je me suis dit que la suite logique c'était de te rejoindre. Tu es mon tout. Depuis le départ. Quand tu étais dans mon ventre, il y a déjà dix-huit ans, je sentais que nous ne faisions qu'une. Un corps, deux cerveaux, un amour infini.

Déjà à tes prémices je m'inquiétais de savoir si tu mangeais bien, si tu grandissais bien. Je dévorais des légumes à n'en plus finir pour être sûre que tu ne sois pas carencée. Et pour que tu les aimes plus tard. Heureuse d'être un garde-manger sain qui veillait sur son locataire gourmand. Plus tu poussais, plus j'étais heureuse de te faire découvrir le goût des bonnes choses. Quand je t'attendais, je ne me suis jamais rien interdit. Tu as découvert le goût des champignons et celui du roquefort. Je posais ma main sur mon ventre entre deux fourchetées pour guetter ta réaction. Une cabriole, c'était gagné. Un coup de pied, encore ? J'essayais de décoder ce langage précaire entre nous. Physique et viscéral. Nourri par un cordon. C'est fou, comme ce qui me semblait naturel au départ a fini par me rendre triste. Je t'ai trop vue avec des fils et des perfusions partout pour y déceler une malheureuse allégorie. Au fond, peut-être que dès l'origine je me suis trompée quelque part…

Et puis tu es née, moment merveilleux et unique. Tu as été et tu restes mon plus grand bonheur. Tu étais si parfaite. Je te couvrais de baisers, heureuse et fière d'avoir une petite fille comme toi. Un soleil. Mon soleil.

Mon horizon venait de changer pour toi. Égoïstement, je ne me suis pas crue capable d'agrandir mon cœur pour un autre enfant. Je n'ai jamais été douée pour donner de l'amour. Peut-être parce qu'au fond je m'aime assez peu.

Tu n'y es pour rien. C'est moi avec moi-même. Mes doutes et mes angoisses. Mes injonctions contradictoires à vouloir tout et son contraire dans la même seconde. Cette instabilité était là avant toi, elle a empiré avec toi et depuis toi. Parce que je n'ai pas su voir l'évidence au départ, pas compris où était ma place. De femme, d'amoureuse et de mère.

Ton départ a mis en lumière cette souffrance enfouie. Je t'aime, Léa, et je t'ai toujours aimée. Mais mon cœur de mère a oublié l'essentiel. L'équilibre. Le don de soi, l'amour de l'autre. Un jour, je t'expliquerai les émotions suggérées à demi-mot. Enfin, tu es fine, tu devines, tu es intelligente, alors…

Ta maladie est aussi la mienne. Celle d'une personne qui a tout confondu. Je ne suis pas encore capable de te redemander pardon. Je suis juste capable de te dire que je t'aime. La chambre est triste, et son silence, opaque. J'y suis seule et cela me fait un bien fou. Au fond, la présence des autres a toujours été problématique pour moi.

Vas-tu bien ? Es-tu déjà à Biarritz ? J'ai des souvenirs de la Côte des Basques. Tu étais petite. Nous avions poussé notre chemin jusqu'à Guéthary. Je me rappelle encore ce restaurant posé au-dessus de l'eau. Les tabourets bleus et le soleil. On se serait crus en Grèce. À cette époque, j'avais déjà des doutes, mais je me battais pour que notre famille en reste une. Il le fallait, pour moi et pour les autres. Le jour où j'apprendrai à me passer de l'avis du décorum, je vivrai peut-être mieux. J'y travaille, tu sais.

Te savoir loin de tout ça me réconforte et me désole. En même temps, si tu étais dans cette chambre, aurais-tu accepté de me parler ? Tu me manques et je m'en veux de ne pas avoir su trouver les mots pour t'expliquer. Mais ça n'est pas à toi que je démontrerai que parfois le malheur supplante tout.

Je me bats fort contre moi-même et, pour une fois, je m'engueule seule au lieu de passer mes angoisses sur les autres. Je te le dis car tu pourras considérer ça comme un progrès. Pour le reste, je n'en suis pas sûre. J'ai encore besoin de faire silence en moi et autour de moi. C'est pour ça que je t'écris. Les mots ont encore du mal à franchir mes lèvres dans un ordre bien établi. J'ai encore peur de ne pas savoir bien formuler les choses. Le papier permet cette distance. Et puis, au besoin, je peux me relire. Moins évident en te laissant un message.

Je t'embrasse fort, ma Léa. Tu vas vers ton destin et je suis infiniment fière de toi.

Maman

Laurence termine sa lettre. Ses mains tremblent moins. Elle a l'impression pour une fois d'avoir fait ce qu'il fallait. Elle a douté si souvent. Hospitaliser Léa ou pas, rester avec Laurent ou non. Fuir et les laisser tous les deux. Elle n'avait pas imaginé ça. Un amour père-fille immense qui ravagerait tout le reste. Elle n'avait pas anticipé ses réactions. Une mère en rivalité avec sa fille ? Bête à pleurer... Elle l'avait fait pendant un temps, espérant y trouver une guérison. Sur les quais de la Seine proches de Houilles. Elle marchait des heures jusqu'à ce que son émotion lacrymale soit tarie. Ce qu'elle n'avait pas envisagé, c'était le plaisir narcissique de l'homme qu'elle aimait à jouer avec des sentiments plus grands que lui. Maintenant, elle y voyait clair. La détérioration de la santé de sa fille, la disparition des sentiments, tout était lié. L'évidence froide lui claquait au visage. Et elle n'avait rien vu avant.

Comment l'aurait-elle pu ? Claquemurée dans un rôle de soignante, dénaturée de son rôle de femme, elle n'avait pas les clés pour avancer. L'opposition avait été la seule échappée possible. La colère, même. Graduée, insensée, de celles qui rendent folle. Laurence s'était perdue, et on l'y avait bien aidée. Ça lui laissait un goût amer en bouche, ça lui collait froid au ventre. Est-ce que la révolte venait après ça ? Elle avait vaguement lu les différentes étapes qui suivent une trahison. Choc, colère, acceptation. À quelle cadence tout cela se mettait en place ? Soudain, l'urgence des faits lui apparaissait. Léa s'était sauvée. Elle lui montrait juste le chemin à suivre. Elle avait pris ça pour un caprice, pour une vacherie supplémentaire dont elle lui ferait porter la responsabilité. Léa avait inversé les rôles. Mère de sa mère... Ça arrivait un peu trop tôt, et pourtant.

Laurence n'avait jamais prié. Elle n'était d'ailleurs pas plus portée sur les rituels. Quand elle poussait les portes d'une église, c'était pour en admirer l'architecture et, à la rigueur, allumer un cierge. Elle avait toujours aimé voir vaciller la lumière. De là à confier à une statue de bois ou à un vitrail ses doutes ou ses plus folles espérances… Cela manquait de rationalité. Pourtant, à cet instant, elle aurait trouvé pratique de croire. Ça devait être reposant, de se dire qu'au fond une instance supérieure guidait qui savait écouter. Une prière, un souhait, une espérance, c'était déjà mieux que rien. Il lui fallait une inspiration, respirer était un début. Ne plus se sentir oppressée. Elle allait quitter Laurent, quitter cet appartement qu'elle détestait, elle allait retrouver Léa. Elle allait le faire pour elle, et tout de suite. Laurence ne savait que trop comment pouvaient se solder des mariages comme le sien. Basés sur le mensonge et la duperie. Il mentirait encore, il ferait tout pour la retenir. Placerait Léa dans l'équation. Il fallait lui couper les ailes sur-le-champ. Il fallait sortir de l'état de torture dans lequel elle avait plongé malgré elle. Sa fille avait choisi un road-trip urbain pour aller mieux, elle, une chambre d'hôpital.

Il n'y avait pas si longtemps, elle avait eu la même insolence, la même folie. S'extraire de son milieu, imposer un homme que ses parents n'aimaient pas… S'ils savaient, aujourd'hui. Mais elle l'avait fait. La perversion n'en était que plus grande. À quel point avait-elle pu se disloquer, arrêter de penser par elle-même ? S'enfermer avec un être morne qui jouissait uniquement en détruisant les autres. Ou bien quand on lui caressait les couilles. Ce regard bleu, faussement séducteur, plus hautain qu'autre chose. Cette chevalière ridicule qu'il portait depuis qu'il avait intégré une loge. Sa passion pour la bouffe, qui les forçait à rester des heures à table. Ce sentiment de supériorité qu'il pouvait dégager et qu'elle avait un temps adoré. Ce corps imparfait sculpté à coups de cours de yoga, d'étirements. Est-ce là qu'il rencontrait les autres ? Ces autres qu'elle suspectait et qui la mettaient dans une rage non contenue. Qui la faisaient devenir folle. Plus blessée que jalouse, elle s'en voulait, se détestait de n'avoir rien vu. Un jour, il serait temps qu'elle se pardonne. Et qu'elle se parle avec plus de bienveillance. Mais l'urgence était ailleurs.

Elle allait appeler une infirmière quand le médecin entra dans la pièce :

— Tout va bien ? Vous avez l'air agité...

— Croyez-vous aux révélations ?

— Je ne suis pas croyant.

— Moi non plus.

— Je crois aux prises de conscience, si vous préférez.

— Alors c'est ça...

— Quoi ?

— Quand ça se déchire à l'intérieur, qu'on a l'impression de ne plus respirer et d'y voir clair.

— Oui, ça y ressemble un peu. Qu'avez-vous découvert ?

— Mon imposture. Ma posture maladroite. Ma position perdue. Ma peur...

— Vous guérissez à vue d'œil, je vous félicite.

— Attendez que j'aille mieux pour vous enthousiasmer.

— Laurence, si vous ne savez pas vous aimer, laissez d'autres le faire pour vous.

— Pardon ?

— Vous m'avez bien compris. Je vois défiler assez de patients pour me faire un avis sur les émotions qui les étreignent. Vous concernant, j'ai vu de la bonté, de la patience, un amour infini pour votre fille. Un sentiment si fort que ça vous a dépassée. Acceptez mon aide, comme Léa l'a fait.

Il vient s'asseoir sur une chaise hors d'âge au dossier fatigué. Léa comme Laurence ne savent pas demander d'aide. Persuadées qu'elles sont que tout doit venir d'elles. Combien de fois ont-elles été déçues par les autres, aveuglées par ce mécanisme ? Quel niveau d'exigence délirant s'imposent-elles ? Il avise Laurence, dont le regard oscille dans le vide. Il peut percevoir les rouages de son cerveau. Elle tourne vivement la tête vers lui.

— C'est ça que vous voyez en moi ?

— Oui, entre autres. Vous n'êtes ni monstrueuse ni complètement coupable, Laurence. Vous avez frôlé la transformation, mais vous vous êtes arrêtée à temps.

— Il va falloir que je change. Que je parte, que je reparte vers elle. Que je le quitte, lui.

— Oui, entre autres, mais vous ne serez pas seule.

— Je ne crois pas aux contes de fées.

— Moi, je crois aux hasards heureux.

— Et ?

— Et c'en est un.

Laurence… Depuis quand ne lui a-t-on pas accordé de l'attention ? Est-elle encore capable de plaire ? Elle le regarde avec des yeux différents. Ce médecin vu mille et une fois. Revenu encore et encore. Jours, nuits, weekends. Elle a pourtant souvent exprimé de la méfiance à son encontre.

— Qu'est-ce qui vous a fait changer d'avis sur moi ?

— Vous…

— Je ne comprends pas.

— Il n'y a rien à comprendre, Laurence. Tout du moins pour le moment. Juste à vous demander pardon d'avoir mis tant de temps à comprendre. Les choses sont plus claires, maintenant. Je vais vous aider, vous alliez appeler l'infirmière, il me semble ?

— Attendez, ne changez pas de conversation, nous parlons d'émotion, non ?

— Nous parlons de ça et de bien d'autres sujets, mais pas maintenant. Sachez juste que c'est là. Et que ça ne va pas partir.

— J'ai écrit à Léa, mais je ne sais pas où lui adresser ce courrier. Je veux qu'elle sache que j'ai compris. Que je suis désolée. Que je me suis perdue.

— Je m'en occupe.

Il sort avec un sourire. S'arrête devant la porte et vient poser sa main sur son bras. Le regard est long. Confus, mais il est là. Laurence ne sait pas si c'est un début, mais ses mains ne tremblent plus.

Sonate Arpeggione

Elle dort profondément, le drap recouvrant ses hanches. L'appartement est plongé dans le silence, leurs vêtements pliés sur une chaise, il ne supporte pas le désordre. Il est pourtant chez elle, mais déjà il impose son rythme.

Il l'a appelée en sortant de l'hôpital. Elle est son salut pour aujourd'hui et pour demain. Après, il verra bien. Ils se fréquentent depuis quelques semaines, maintenant. Il adore venir chez elle. L'appartement haussmannien, le parquet point de Hongrie, les moulures. Tout est à sa place. C'est élégant et ça respire le bon goût. Pour ne pas dire le fric, car Laurent est trop bien élevé pour s'avouer choisir systématiquement des femmes riches.

Ils ont dîné dans une brasserie du 6ᵉ. Laurent l'a laissée parler plus qu'écoutée. Elle est heureuse de le retrouver. Surprise, même. Lui, l'homme mystérieux qui verbalise enfin son envie de la voir. Elle n'attendait que ça, ayant déjà beaucoup trop projeté – et, pourquoi pas, imaginé une suite à ses côtés. Il lui a bien vendu les choses. Sa femme malade à l'hôpital qu'il n'aime plus.

Le fait de rester avec elle jusqu'à ce qu'elle aille mieux. Son amour réel pour leur histoire à venir. Les enfants qu'ils auront un jour et le reste. À trop aimer, parfois, à trop imaginer, on en quitte le bon sens. Elle a trop vite fait tomber le masque. A avoué tout de go son attirance et son envie de lui laisser une place. Lui se nourrit de son enthousiasme et de sa lumière. Ses doux mots sont le terreau nécessaire à sa reconstruction. Il se gave de sa tendresse et de ses gestes. À chaque rencontre, il devient plus fort. Combattant insatiable, amant attentif, il donne le change. Elle ne peut que s'éprendre de lui. Derrière la femme accomplie demeure une petite fille gracile qui a besoin d'être rassurée, aimée, reconnue. Laurent sait les détecter d'un regard. D'un frôlement de main sur son poignet, il a deviné sa force et le gouffre de son cœur. Facile, c'est presque trop facile.

Après le dîner, il l'a basculée dans son grand lit en prenant son temps, juste pour agacer ses sens et ne pas se trahir. Il l'a déshabillée lentement, en prenant soin, lui, de garder son jean. Il a eu beaucoup d'attention pour ses seins et son ventre. L'a longuement massée, détectant les nœuds et les tensions, ce qu'ils trahissent et dont elle ne se rend pas compte. Il a maîtrisé la situation, ne lui laissant que peu d'initiative. Elle a adoré se laisser faire. Posant pour une fois son cerveau sur la table de chevet. Écoutant son corps et son envie. Sans calcul… Elle dort d'un sommeil tendre, ressentant encore les caresses parfaites, la langue divine et les orgasmes. Elle se sent désirée comme jamais. Autant aimée pour ses fesses que pour son intelligence. C'est une victoire, à ses yeux. Une gloire déjà entachée de mensonges.

Ils ont fait l'amour sur du Schubert. C'est lui qui a choisi la musique. L'art de la mise en scène qu'il maîtrise par cœur. Il se dit qu'il fait l'amour mais il la baise sans retenue. À chaque soupir, il se retrouve un peu et oublie la situation familiale qui lui échappe. Quelle heure peut-il être ? Laurent ne se lève pas, il respire plus profondément, essayant de calmer cette douleur lancinante qui étreint son bras. Ça peut ressembler à un appel de la conscience, s'il en a une. Il pense à Léa. Il n'a pas répondu à son message. Peut-être a-t-elle besoin de lui ? Dans le même temps, ne pas répondre est un excellent signal à lui envoyer. C'est lui prouver qu'elle a eu tort de partir. Que son salut passe par lui. Ils vont se retrouver, être tous les deux et ne plus laisser personne se mettre en travers de leur relation.

Quant à Laurence… C'est presque du passé. Il fera le nécessaire pour la tenir éloignée de lui, de Léa, d'elle ou d'une autre. Il est temps de prendre un bon avocat. Montrer que son état est dangereux pour elle, pour autrui. C'est le moment idéal pour agir. Il peut reprendre un appartement à Paris. Le faire croire à celle qui dort à ses côtés. Elle lui proposerait d'emblée de venir vivre ici. Il y a de la place à revendre et il pourrait profiter du Luxembourg entre midi et deux.

Léa est majeure. Il peut lui trouver une chambre de bonne dans le quartier et lui permettre de mener ses études à bien. Si sa santé était une source d'inquiétude, il n'a jamais douté d'un avenir brillant pour sa fille.

Il doit la prévenir. Demain, il l'appelle et lui fait un point sur la situation de sa voix grave et rassurante. Sa voix de père qui l'aime tant. Celle qui guide et donne le ton. Celle qu'elle réclamait petite fille pour une histoire ou un câlin. Celle qu'il utilisait pour lui susurrer qu'elle était sa vie. « Et maman, alors ? » répondait-elle sans bien comprendre.

Tout ira bien, il le sait. Ça n'est pas la première fois… Il tourne la tête. Elle a les yeux grands ouverts. A-t-elle surpris sa réflexion ?

Il pose les lèvres sur son épaule.

— Tu ne dors pas ?

— Toi non plus.

— Tu sais, je réfléchis beaucoup et le moment est venu de te dire quelque chose d'important.

— Comme ça, au beau milieu de la nuit ?

— Oui, comme ça, on se souviendra longtemps de cet instant.

Elle plisse les yeux et le nez dans une expression interdite. Laurent décèle déjà sa peur. La peur de son départ. Qu'il aille voir ailleurs. Qu'il la laisse. Ça le fait soupirer d'aise et renforcer la tendresse dans sa voix.

— Je suis tellement bien avec toi. Tu me réveilles, tu me fais respirer de nouveau. Avec toi, je vis en vrai.

Il l'aime, il va lui dire. À leur première rencontre, elle avait imaginé cela. Sans fioritures et avec sincérité. De l'amour pur et du bonheur au kilo. Il quitte sa femme pour elle. Et les autres qui pensaient que c'était un menteur ! Quelle joie elle va se faire de leur annoncer la nouvelle. Quitte à être ensemble, autant habiter à deux. L'appartement est grand et ils font si bien l'amour. Et puis il y a Léa. S'en faire une amie pour la suite est le meilleur moyen de le garder pour toujours. Elle aura le temps de projeter, puisqu'il va lui avouer ses sentiments. Pour un homme qui verbalise peu, il est en progrès constant. Et ça, grâce à elle.

— Je le sais, c'est pour ça que je ne peux pas, veux pas attendre plus longtemps. Je t'aime, je vais quitter Laurence.

— Pour moi ?

— Entre autres, oui.

Elle l'enlace aussi fort qu'elle peut. Ça arrive, enfin. Elle va pouvoir afficher cette histoire au grand jour. Ne plus être l'autre mais l'officielle.

Laurent sent son corps battre plus fort. Il sourit dans le noir. Il va prévenir Léa, et tout ira bien. Il l'attire davantage contre lui. Elle réprime un soupir. Le petit matin est encore loin…

Someone

J'ai mal dormi. Encore une fois. J'ai l'impression que mon cerveau mène une vie autonome dès que je ferme les yeux. Il s'invente des histoires perturbantes qui me donnent un réveil maussade.

J'ouvre les yeux entre deux eaux. Ai-je rêvé ? Peut-être que la perspective de quitter Joseph et son jardin m'angoisse plus que de raison. Hier soir, j'ai fait mon sac et relu mon carnet. Depuis mon départ, j'écris de manière compulsive tous les jolis événements que je vis. Je les vis en vrai, là est la différence, et non allongée dans un lit d'hôpital à fixer le plafond. J'ai bien souvent imaginé tout et son contraire. Là, c'est dans ma chair que je les ressens. C'est moi seule qui agis. J'identifie ces moments de joie que j'avais peut-être tendance à oublier avant. Je suis un cobaye du bonheur. En tournant les pages, je réalise petit à petit mes victoires. Apprendre le nom des plantes. Grignoter des framboises dans l'arbuste. Savourer de nouveau le goût du sucre sans vomir. Et tout ça c'est grâce à moi et à la présence bienveillante de Joseph. Ce dernier ne semble pas comprendre ce qui se joue en moi. Ce match sans fin entre le corps et la tête. Peu importe, je le lui expliquerai avant de le quitter.

J'ai regardé les billets pour Biarritz. Trois heures de trajet, une broutille en quasi-ligne droite. J'hésite encore un peu sur la date. J'ai laissé volontairement passer le 14 juillet pour ne pas me ruiner. Mais je sais, au fond de moi, qu'il faut y aller. Aller à la rencontre de Milo. Ce prénom me laisse rêveuse. J'imagine une déesse grecque dotée d'une moue charmante. Ma rencontre avec Joseph, que j'imaginais en délicieux vieillard, devrait me vacciner, mais, que voulez-vous, je suis une indécrottable amoureuse des mots et du champ des possibles qui va avec.

Milo, dans mon univers, est tout en rondeurs et empreinte d'une sagesse ancienne. Et, si c'est différent, je ferai avec. Je m'adapterai. C'est pour cela que je suis partie. Savoir si on peut avoir un destin en habitant au 12 bis. Joseph m'a prouvé que oui, bien que je doute qu'il en ait lui-même réellement conscience. Il m'a aidée, à moi de lui faire un cadeau. Pas question de lui dire au revoir sans ce geste, aussi petit soit-il. Reste à trouver les bons mots pour qu'il accepte mon aide.

Je file au jardin. Inutile de m'attarder dans la maison. Il n'y est jamais. Les poules m'accueillent dans une joyeuse indifférence. Elles ne me manqueront pas. Je me suis toujours méfiée des gallinacées. J'aurais un peu de cruauté en moi, je me réjouirais de les voir sortir dans un plat du four, thermostat 180 °C. Mais mon rapport délicat à la nourriture m'empêche cette fulgurance carnivore. Joseph a dressé un établi dehors. À sa gauche, un sac de terre, devant lui, des graines, à sa droite, un mélange mystérieux fait d'une poudre de perlimpinpin.

— Viens, Léa, j'ai besoin d'aide.

— On lance une opération commando ?

— Non, on va fabriquer de nouvelles compositions et les livrer à la maison de retraite. J'ai pensé que ça pourrait leur faire plaisir. C'est toujours mieux que de passer son temps dans une salle commune surchauffée devant le Tour de France.

On échange un clin d'œil. Ce grand échalas plein de bon sens me fait rire. Je plonge les mains dans la terre. Ça gratte, c'est chaud. J'attrape une poignée de graines.

— C'est quoi, ton mélange ?

— Secret, mais légal, je te rassure.

Nous travaillons dans un apparent silence. J'ai découvert qu'un jardin était bavard comme deux adolescentes un samedi après-midi. Le vent chatouille les pins. Les capucines font la course sur leurs tuteurs. Une armée de coccinelles goûtent sur les rosiers. Cet endroit va me manquer.

— J'ai vu que tu avais fait ton sac. Ça y est, c'est le grand départ ?

— Oui, il est temps que j'avance dans ma quête.

— Je veux dire : tu pars déjà ?

— Joseph, je t'ai prévenu en arrivant. Je ne suis pas là pour envahir la vie des gens. Je cherche des indices. J'avance dans mon enquête. Puis je pars.

— Et tu commences à entrevoir les réponses ?

— Oui, je te regarde, j'écoute ton histoire, je te vois travailler, et la réponse est oui. Tu sais, quand on fait des choses extraordinaires dans son quotidien, on a souvent tendance à les considérer comme normales. Ça n'est pas vrai. Ce que tu imagines, ton projet de bombe de graines, c'est extra. Il faut le transformer…

— Pardon ?

— En un truc plus grand que toi. Partager ta passion. Commercialiser ton idée et changer la vie des gens.

— Ce n'est pas mon métier, je te l'ai déjà dit. Moi, je suis jardinier.

— Je te rappelle que je suis une ancienne mourante, je te rassure, c'était pas ma vocation non plus.

Silence… Un temps, une respiration, un ange.

— Mais tu es guérie, maintenant ?

— C'est une bonne question. Guérir, ça veut dire admettre la maladie. Oui, j'ai été malade. Oui, je suis vivante. Donc j'ai une envie folle que les autres soient vivants aussi.

— Tout le monde n'est pas toi, Léa.

— Je sais, mais avec toi j'ai bien envie d'essayer quand même.

— Tu veux que je sois malade ?

— Je veux que tu croies en toi.

Joseph pose les mains sur la table. J'ai fait mouche avec maladresse, comme souvent. Je pourrais m'excuser, mais pour quoi faire ?

— Tu sais, Léa, tu ne peux pas débouler dans la vie des gens comme un courant d'air et exiger d'eux qu'ils se transforment complètement.

C'est dit sans méchanceté.

— Tu as raison, mais regarde-toi. Tu m'as ouvert la porte et ce geste de confiance m'a permis d'avancer dans ce projet fou. Parfois, il suffit d'être simple pour que ça fonctionne. Tu m'as fait retrouver le goût du sucre. Tu m'as fait ce cadeau sans t'en rendre compte, sans le savoir ni même le souhaiter parce qu'au fond on se connaît à peine. Mais tu t'es reconnu en moi. Moi aussi, j'ai été perdue.

— Et tu as trouvé ton chemin ?

— Il semblerait, oui, et il passait par cette rencontre. Ta bienveillance et ta sagesse ont été de merveilleux remèdes. Depuis toi, je suis capable de manger à même la terre, je suis capable de sourire pour rien. Je suis comme ton jardin. J'ai été une jachère bordélique, ton regard et tes silences me permettent aujourd'hui d'être un peu plus présentable.

— Présentable ?

— Je me regarde dans la glace en me disant que j'ai bien fait de partir et d'y croire. Malgré ma trouille. Merci pour ça, laisse-moi t'aider à mon tour.

— Demander de l'aide, tu sais…

Je le regarde, il pourrait être un frère plus âgé, un peu hagard. Avec trop de bonté en lui. Avoir une belle âme peut être handicapant. On se perd en conjectures dès qu'il s'agit de soi. Je sors de ma poche plusieurs feuilles A4 remplies avec soin et les lui tends.

— C'est quoi ?

— Des idées pour toi. Je ne connais pas grand-chose, mais j'ai foi dans mes idées. Voilà, je te les laisse, fais-en ce que tu veux. Au pire, tu les jettes au feu. Mais au moins elles ne restent pas dans ma tête à tourbillonner sans fin.

Il commence à lire. Je dénote un éclat furtif dans ses yeux. C'est bon signe.

— Tu es une mourante étonnante…

— N'est-ce pas ? C'est marrant, comme d'un coup ce qui te semblait impossible devient un jeu.

— Je vais réfléchir, je ne te promets rien.

— T'ai-je demandé quelque chose ?

— Ton train est à quelle heure ?

— À 11 heures demain matin.

— Alors finissons vite, je t'embarque avec moi à la maison de retraite. J'en connais qui auraient besoin de ton courage. Et demain je te dépose à la gare. Préviens tes parents que tu changes d'adresse… Enfin, de ville. Pour l'adresse, je pense qu'ils savent.

Quand le train s'ébranle, le lendemain matin, j'ai les émotions sens dessus dessous. Joyeusement perturbée par l'accueil des pensionnaires de la maison de retraite, heureux comme des gamins de l'invention végétale de Joseph. Prêts à se lancer dans la culture intensive de fleurs et de sourires. Je pars de Mérignac avec des bombes au fond de mon sac. Joseph me les a confiées avec ce petit mot : « Pour Léa, bombe humaine sensible aux couleurs et au sucre. Cette nouvelle création s'appelle *N° 21.* » *No. 21* est un tableau de Mark Rothko exposé au Metropolitan Museum of Art à New York. Je ne l'ai jamais vu. C'est une explosion colorée dans les jaunes et les orangés. Je lui ai montré un soir en expliquant que j'adorerais un jardin de coquelicots et de capucines dans ma grisaille yvelinoise...

Il m'a laissé son numéro aussi. Combinaison précieuse pour ne pas perdre le fil. Il a déposé un baiser sur mon front avant que je monte dans le train. Je me sens comme Dorothée dans *Le Magicien d'Oz*, protégée par le baiser de la sorcière du Nord.

Alors que le train quitte la gare, je sors mon carnet et fleuris le nom de Joseph sur ma liste. Et ce coloriage malhabile est la plus jolie preuve que j'avance. Comme mon déjeuner du jour d'un rose fuchsia, un déjeuner-goûter à base de fraises, framboises et groseilles du jardin. Je me connais, je vais commencer par les fraises. Puis décorer mes doigts avec toutes les framboises et les avaler une à une en les sentant crisser sous ma dent. Pour les groseilles, j'hésite encore. Les épépiner ou les déguster en grappes ? Un coup d'œil, pas encore de voisins. Il se peut que je déjeune uniquement avec les doigts. Les fleurs sont là, ma liste aussi et un papier froissé également. La lettre de papa. Je m'accroche à mon siège en me disant que cet écrit ne me fera pas faire demi-tour. Qu'il ne me détruira pas. Que désormais je me dois mieux que ça...

Mon téléphone vibre. C'est un SMS de Joseph :

« Léa, une lettre est arrivée pour toi. J'ai l'adresse à laquelle te l'envoyer, mais pas le nom de famille. Je te reposte ça dès que tu m'as donné l'info. Bon voyage, petite fleur. »

Suzane

La lettre à la main, Milo s'interroge. Est-ce une plaisanterie ?

En voyant le courrier, son nom sur l'enveloppe associé à celui d'une certaine Léa, elle a d'abord pensé à une erreur. Elle l'a lu en sirotant son café. Le contenu l'a rendue amère. Le ton, d'abord, les émotions, ensuite. La perspective d'être envahie. Cette gamine ne manque pas d'air. Arriver comme ça chez les gens pour interroger son destin…

Milo aurait pu trouver la démarche touchante, romantique, même, mais la possibilité de voir cette fille devant sa porte la dérange. Où peut-elle être ? Dans un train ? Déjà à la gare ? Ou même dans la rue ?

Milo n'est pas encline à la panique. Son regard s'envole au-dessus du portail. L'urgence soudaine de cette Léa à trouver un sens à sa vie l'angoisse. La perspective d'échanger avec elle la rend nerveuse. Les mots et le ton de cette foutue lettre indiquent un besoin de réponses. Presque une détresse. Que vient-elle faire dans tout ça ? Les gens ne peuvent donc pas résoudre leurs problèmes sans se répandre ? Quel besoin d'ajouter encore et toujours du drame ? Et quel besoin de se servir d'elle ? Alors quoi ? Elle va devoir se calfeutrer à l'intérieur de son bunker pour échapper à la visite d'une adolescente parasite ? Il lui faut quitter les lieux. Le temps que cette personne passe et disparaisse.

La vie des autres intéresse moyennement Milo, et cette quête folle ne la fera pas changer de point de vue. C'est sa protection pour ne pas sombrer. Les failles de cette trop jolie fille sont nébuleuses mais bien réelles. Se confronter à Léa, c'est risquer de les faire resurgir. Alors, non. Milo ne veut pas se trouver d'excuses. Elle assume. Elle prend seule sa décision. Qu'importent les souffrances que cela peut provoquer. Ses douleurs à elle, qui s'en est déjà préoccupé ? Combien de fois a-t-elle eu mal pour de vrai ? Le genre de douleur à vous faire vomir tant votre ventre se tord. Ça n'est pas un hasard si elle a élu ce bloc de béton pour refuge. Ici, seules ses émotions dominent. Égoïstement. Celles des autres n'ont aucun droit de cité.

Elle allume son ordinateur, bien loin d'imaginer qu'il va lui offrir la parfaite échappatoire. Et pourtant c'est là. Un shooting à Tokyo. L'interlocuteur s'excuse de la prévenir si tard, mais une nouvelle marque de vernis en poudre vient de la choisir comme égérie. Il faut partir au plus tôt. Sous quarante-huit heures serait même idéal.

Milo sourit au silence. Elle ne croit pas aux hasards. Cette opportunité de voyage lui prouve qu'elle a raison d'avorter la rencontre. Cette Léa ne doit pas faire irruption dans sa vie. Elle est un danger à son équilibre, avec ses interrogations de gamine. Sûrement une fille malmenée, elle aussi. Mais, ça, Milo s'en moque. Les paroles de la mère de cette fille résonnent encore beaucoup trop en elle… C'est trop tout. Trop de mots, trop susurrant, trop murmurant. Pourquoi attendre qu'il soit trop tard pour parler ? Cette mère ingrate aurait-elle eu le courage de tant d'aveux si elle avait été bien ? La peur de la perte fait dire des choses qu'on regrette un jour ou l'autre.

Son café posé sur le bureau en bois clair, elle adresse une réponse synthétique annonçant qu'elle se tient prête dès aujourd'hui. Qu'elle quitte le Sud-Ouest l'après-midi même pour rejoindre Paris. Elle va en profiter pour passer à son agence. Exercice politique qu'elle méprise, mais bien utile pour continuer de décrocher des contrats. C'est son deuxième mail. Celui-là, plus enjoué, remerciant l'agence de son travail toujours parfait et annonçant sa venue le lendemain matin même, pour saluer l'équipe, présenter ses nouvelles photos et signer les contrats. Elle ne négocie pas le tarif. Elle n'a pas le cœur à ça. Elle a une valise à boucler.

Un coup d'œil au billet de train. Il est 9 heures… En se dépêchant, elle peut avoir filé pour midi. La régularité des TER en direction de Bordeaux a un côté rassurant. Deux petites heures pour prendre le large. Puis deux heures et des poussières pour maintenir la distance et mettre les voiles. Paris-Tokyo. Neuf mille sept cents kilomètres et douze heures plus tard, elle sera définitivement libérée.

Sa valise ne quitte jamais le salon, d'un bleu Majorelle, elle se fond dans le décor. À l'intérieur, des pochettes déjà prêtes : argent, passeport, trousse à maquillage. Quel temps peut-il faire au Japon ? Elle jette trois jeans, trois pulls en cashmere, deux châles et une petite robe noire. Deux paires de chaussures complètent le tout. Dans son sac à main s'empilent le chargeur de téléphone et des livres, toujours trop. Rassurée, elle file vers la salle de bains. Elle a bien agi puisqu'elle a pensé à elle avant tout. Milo lave ce qui lui reste de doutes sous un jet d'eau chaude. Puis active l'eau froide à fond. Sa peau réagit instantanément. Chair de poule. C'est bon pour le corps et l'esprit.

Elle reste cinq minutes ainsi, jusqu'à ce que son corps ressente la brûlure du froid. Sa beauté particulière lui vient une nouvelle fois en aide. Elle se remercie par de muettes paroles. Milo ne prie pas, jamais. Mais elle se remercie d'être si particulière, avec son physique de sauvageonne indocile. Des salauds, elle en a tellement croisé. Le Pays basque lui évite ça, désormais. La cour honteuse d'hommes sans attrait. Et, quand elle croise un regard trop appuyé, elle le fait fuir d'un rire qui n'a rien d'amical. Animale dans son rapport aux autres, Milo n'est dupe de personne. Blesser est un excellent moyen de ne plus être importunée… En théorie.

L'horloge affiche à peine 10 heures quand elle termine de se sécher les cheveux. Partir comme ça, abandonner son chez-elle pour se confronter aux autres, tout ça à cause des lubies d'une gamine, la plonge dans une colère froide. La pire. De celles qui la rendent capable de tout. Elle doit marquer le coup, lui dire ce qu'elle a sur le cœur. Elle va lui donner une leçon qui va lui passer l'envie de recommencer. Après ça, elle rentrera sûrement chez elle, ses rêves imbéciles sous le bras.

Elle attrape une feuille, un stylo, et attaque sa missive. À son image. Incisive. De toute manière, elle ne va pas s'étaler. Il faut juste peser les mots et faire comprendre à cette Léa que sa quête est vaine. Idiote. Ridicule. Qu'à cause d'elle d'autres personnes souffrent, à commencer par sa mère. Et qu'il est temps de reprendre ses esprits.

Milo écrit. Ça, et plus encore, laissant couler sa rage sur le papier. Elle n'avait pas prévu de bouger avant plusieurs semaines. Ce sentiment d'être mise à la porte de chez elle la submerge, qui plus est par une inconnue au motif loufoque.

Milo ne voit pas l'amour derrière les mots. L'envie de grandir dans le voyage. Elle ressent juste que cette fille a décidé de lui pourrir l'existence. Et, Milo étant Milo, elle affronte et assume son choix. Ses mots sans douceur et le reste. Après ça, que l'autre se débrouille. Elle aurait tout aussi bien pu l'attendre et appeler la gendarmerie. Cette fille est-elle majeure ? Si ça se trouve, elle a fugué. Toute à son méchant délire, Milo garde un œil sur l'horloge. Son écriture n'en devient que plus chirurgicale. À 11 h 30, elle rebouche le stylo et ferme sa valise. Un taxi l'attend devant la grille. Elle tire tous les rideaux, enclenche l'alarme. En fermant la porte derrière elle, elle ressent un léger vertige. Elle ? Fuir ? Elle se ravise. Son choix est le bon. Le Japon, une opportunité.

Elle claque la portière sans se retourner. Enfile ses lunettes de soleil et regarde sa rue avec appréhension.

Elle imagine un instant la tête de cette fille trouvant porte close. Dans le fond, ça la réjouit, cette certitude de peine annoncée. Elle croit quoi ? Que la vie se passe toujours bien ? Selon ses désirs et ses rêves ? Il faut être un peu rationnel. En agissant ainsi, Milo lui fait gagner du temps. Plus tard, elle la remerciera. Elle a trouvé son adresse, elle serait bien capable de lui écrire…

Dans la gare, son cœur accélère. Et si cette gamine avait une photo d'elle ? Si elle a fait des recherches ? Cette inquiétude ne la quitte pas jusqu'au moment où elle grimpe à bord du TER. Elle choisit une place proche du couloir, prête à déguerpir au cas où. Même en laissant sa valise. Le soulagement arrive à la première sonnerie. Portes fermées, train qui démarre. Tranquillité de la vitesse. Elle ferme les yeux un instant pour les rouvrir en gare de Bordeaux-Saint-Jean. Corps et esprit mis en veille le temps d'un trajet. Le sommeil, c'est bien aussi pour disparaître. Sa valise à la main, elle slalome sur le quai encombré à la recherche du train pour Paris. Arrivée sous l'horloge, elle regarde les horaires et les voies. Il lui reste dix minutes pour attraper son TGV. Pestant à voix haute contre les poussettes, les trottinettes et les autres en général, Milo heurte par inadvertance l'individu qui se trouve devant elle.

En colère mais bien élevée, elle relève les yeux et murmure un pardon. Il plante ses yeux dans les siens et lui adresse un sourire timide. Elle le trouve attirant. Il a cette élégance nonchalante qu'elle apprécie tant. Elle devine que lui ne sait rien de cette beauté. Il n'a pas coiffé ses cheveux pour leur donner cette apparence hirsute. Sa barbe désordonnée ne connaît pas les ciseaux du barbier. Il est brut. Un être à l'état naturel. Elle le regarde encore, il la dévisage avec délicatesse. Le regard n'a rien d'insistant. Lui aussi semble surpris de cette rencontre impromptue. Ils s'observent encore avant que Milo ne se souvienne qu'un train l'attend. Un coup d'œil à l'horloge l'arrache à ces yeux sombres. Il faut y aller. Songeuse, elle file. Doit-elle tourner la tête ? Il la suit un temps, puis disparaît dans la foule.

Milo hâte le pas jusqu'au quai. Tend son billet, saute prestement dans la voiture et attend le départ du train. Tout va se terminer dans quelques minutes. Cette vilaine aventure, c'est presque du passé ! Elle repense à cet homme étrange et à ses yeux. Un instant, elle est tentée de descendre sur le quai. Heureusement, la voix du chef de bord la ramène à la réalité. Paris, l'agence, l'avion, le Japon. Milo soupire. Cette collusion fortuite n'aura pas de conséquences sur sa journée. Elle s'étire et, dans le même geste, attrape un livre.

Sur le quai, Joseph repense à cette drôle de plante qui l'a heurté avec une certaine fougue, puis s'est ravisée d'une œillade délicate. Une liane avec des épines. Dans l'air de son cou flottait une fragrance salée.

Melody Noir

Garce, ai-je pensé. Avant d'ajouter à voix haute : « La salope… » Peut-être même un peu fort, car le couple qui passait derrière moi s'est retourné, l'air outré.

Je sais que rien n'est joué, mais cette porte close et ce mot scotché à mon attention sonnent comme un mauvais signal. J'ai peut-être agi trop vite. Quitté le TER avec la joie au cœur, envoyé un message à Joseph pour lui dire que j'étais arrivée à bon port. J'étais à cent lieues d'imaginer ça. Un portail fermé et une enveloppe marron. Mon nom écrit en lettres majuscules à l'encre noire. Les questions ont déboulé : comment a-t-elle su que j'arrivais ? Comment mon prénom a-t-il pu être tracé d'une main vengeresse à coups de gros feutre noir ? Qu'ai-je raté le temps de mon séjour à Mérignac ? Y a-t-il eu un drame me concernant dont j'ignore l'existence mais dont visiblement Milo est au courant ?

Je n'ai de toute façon plus le choix. Je pose mon sac et quête une zone ombragée. J'attrape l'enveloppe. Deux courriers tombent au sol. Le premier est une feuille calligraphiée. Le second, une lettre, avec mon prénom dessus et une écriture reconnaissable : maman. Par où commencer ? La bonne ou la mauvaise nouvelle ? Dans le cas présent, je pressens deux affligeantes histoires. Qu'ai-je donc provoqué à distance ? Je pense à une troisième missive toujours en boule dans mon sac. La lettre de papa… J'ai l'impression d'avoir trois morceaux d'un puzzle tordu. Que ma mère prenne le temps de m'écrire m'inquiète. Qu'a-t-elle donc à me reprocher, encore ? Notre relation dégradée ? Un amour échappé ?

Ses journées longues à mourir depuis que je ne suis plus là ?

Courage, Léa, commence par ça. Commence par là. C'est d'ailleurs le début de ton voyage… Les premiers mots piquent, les seconds me font simplement pleurer. Les fesses par terre, je suis une fontaine, une pleureuse, une Madeleine. Chaque lettre danse devant mes yeux. Je lis, mais je ne comprends pas. Maman hospitalisée ? Maman inquiète ? Et, encore plus fort, maman qui me parle d'amour ? Je savais que mon départ allait provoquer des remous. Je savais que mes parents étaient des amoureux plus raisonnés que transis. Ce que je découvre dans les mots de maman est bien pire.

Entre les lignes, dans des interlignes invisibles, un fait : l'inévitable séparation. Ce n'est pas ça qui m'effraie. C'est ce qu'elle ne dit pas.

Je suis aussi bouleversée par ses mots tendres que par sa détresse. Est-ce que ça fait de moi une mauvaise personne ? Elle m'aime, mais elle souffre. Elle m'aime et elle est malheureuse. Ne peut-elle donc pas m'aimer tout court ?

C'est évident. Pourquoi est-ce si limpide d'un coup ? Maman m'aime. J'ai de nouveau six ans et je détourne la tête d'une assiette présentant du radis noir. « Non, maman, c'est amer, ça. » L'amer. Le goût me revient en bouche. L'amer dans l'assiette, c'est ce goût rude, aigre. L'amer dans la vie, c'est ce qui est pénible, douloureux, décourageant. Je cherche d'autres synonymes pour faire passer cette saveur sur ma langue. Acerbe, acide, âcre, cruel, âpre, fielleux. Jouer des heures au Scrabble m'aura au moins permis d'accroître mon vocabulaire. Devant cette porte close, je retrouve une sensation oubliée : l'amertume. Les yeux rivés sur la lettre de maman, elle jaillit. Deux goûts, quelques semaines de voyage. Je me retrouve. Je me rappelle. Ce voyage ne peut pas n'être que tendre ! L'amer devant ce portail définitivement clos. L'amer dans les mots. La mère dans le cœur… Ça commence à faire beaucoup. Je dois l'appeler, lui parler, la rassurer. Comprendre.

La lettre de Milo n'en est que plus facile à lire. Le style est rude, le ton, sans équivoque. Je comprends entre les lignes que la lettre de maman l'a irritée et qu'elle a quitté les lieux pour éviter de me croiser. Vous rapporter ses mots reviendrait à lui donner trop d'importance. Certaines personnes ne veulent pas voir leur vie bousculée par une rencontre. La garce a donc filé avant mon arrivée. D'ailleurs, je l'ai peut-être croisée, qui sait… Cette nouvelle aurait pu me mettre à terre, mais le courrier maternel s'en est déjà chargé. En fait, non, je ne suis pas à terre. Je suis atterrée et amère (décidément). C'est le goût juste de la culpabilité. Des années durant, j'ai pensé ma mère folle à lier. Plus malade que moi, c'est dire. En fait, je n'ai pas compris sa douleur, sa souffrance. Avec mon parcours de patiente modèle, je suis passée à côté de ça. À côté d'elle. Je n'ai rien vu.

La rue est déserte, endormie par la chaleur ambiante. Me voilà sonnée avec elle. Dans mon périple, j'avais envisagé de trouver porte close. De là à ce que les propriétaires fuient à mon approche, il y avait quand même un pas. Et si maman avait envoyé le même courrier partout ? Je farfouille dans mon sac à la recherche de mon téléphone. Je relis le SMS de Joseph, qui confirme mes doutes. Lui aussi a reçu une missive. Est-ce que c'est déjà la fin du voyage ? Est-ce que les autres vont également fuir, me sachant à l'approche ? Joli destin, Léa. Remarque, tu l'as, ta réponse. Peut-être qu'il serait mieux de rentrer à Paris ? Dans mon sac, toujours en boule, il y a les mots de papa. Allez, au point où on en est…

Ma Léa, mon amour,

Je glisse ce mot dans ton sac pour que tu saches que je pense à toi. J'ai toujours pensé à toi. Tu es dans mon cœur chaque minute qui passe. Te savoir d'un coup si loin laisse un vide immense dans ma vie. Je réalise aujourd'hui. Tu es partie pour de bon. Pas pour savoir si tu as un destin. Tu es partie pour vivre vrai. Quand tu étais petite, je me disais que c'était normal, que c'était le cours des choses. Aujourd'hui, la perspective de ce départ m'est insupportable. Je n'envisage pas ma vie sans toi. Je t'aime tant, ma Léa.

Tu le sais, tu le sens, notre complicité est forte. Je veux la protéger de tout ce qui pourrait l'ébrécher. Je fais bien sûr référence aux récents événements avec ta mère. Mon affection pour toi lui est difficile, pour ne pas dire insupportable. L'a-t-elle jamais tolérée, d'ailleurs ?

Quand tu étais enfant, c'était complexe pour moi de trouver une place entre toi, elle, ta maladie. Maintenant que tu vas mieux, je veux prendre ma place entièrement.

Nous en parlerons de vive voix à ton retour, peut-être même quand tu auras lu mes mots.

Moi aussi, je vais m'en aller. Je vais prendre un appartement. Tu seras libre de mener tes études et nous serons libres de nous entendre. Sans cris ni fureur. Terminé, le grand huit des émotions. Je ne veux plus me cacher d'aimer ma fille comme je t'aime. Je veux pouvoir échanger librement avec toi. Je ne veux plus subir cette pression folle. Hésiter à poser ma main sur ton épaule ou te parler à l'oreille. Je t'aime, que ça lui plaise ou non. Comment en vouloir à un père d'aimer follement sa fille ? L'ai-je empêchée de t'aimer ? Ai-je mis quoi que ce soit en place pour l'évincer de ta vie ? C'est toi qui m'as permis de comprendre ça. Je ne veux plus me mentir. Encore une fois, ne voulant pas te causer une trop grande peine par rapport à ta mère, je te propose qu'on en discute. Quand tu le souhaites, bien sûr. Des changements s'annoncent et je tiens à ce que tu sois la première au courant.

C'est important que nous ayons cet échange parce qu'encore une fois je ne veux plus de secret entre nous. Il est essentiel pour moi que je puisse débuter une nouvelle aventure à tes côtés sur des bases saines.

Appelle-moi, parlons, je veux savoir que tu vas bien et que je suis là, même loin. Toi et moi, ma chérie, l'aventure recommence.

Je t'aime,

Papa

En fait, j'avais tort. Le goût âcre dans ma bouche s'étend à mon ventre. Fielleuse sensation qui me dérange et me rappelle mes terreurs quand je dormais chez Joseph. Ces matins étranges où je me réveillais de cauchemars sans visage. Le puzzle se compose de lui-même. Il me fallait cette porte fermée pour comprendre ce qui se joue à Paris. Papa me parle d'amour, lui aussi, mais d'un ton emprunté. Cela sonne faux. Ce ton grandiloquent me dérange. Cette volonté de basculer toutes les fautes du côté de sa femme me coupe le souffle. Je ne suis pas naïve. Il y a un truc pourri dans l'air, dans son ton, son style.

J'ai d'autres urgences à régler. Il fait chaud, je crève de soif et j'ai besoin d'un endroit pour dormir et réfléchir. J'attrape mon sac, colle un violent coup de pied dans le portail. Me fais mal tout en souriant bêtement. Cette furie de Milo, je ne regrette pas d'être restée face à sa barrière. Je lui souhaite une vie figée à l'image de sa baraque sans charme.

Mon budget est serré, mais, n'ayant pas dépensé d'argent chez Joseph, je peux me permettre vingt-quatre heures de répit. Une chambre avec wi-fi et peut-être même une baignoire. J'aurais adoré avoir une vue sur la mer. Mais c'est la haute saison, et puis je n'ai pas le cœur à rester plus longtemps. En refaisant le chemin à l'envers, je me dis que l'univers est un sacré farceur. Faire sept cents kilomètres pour recevoir une lettre d'amour de ma mère. En la quittant, j'étais convaincue qu'il n'y aurait pas de retour possible entre nous. Qu'il allait falloir laisser passer du temps et des orages. Quinze jours ont fait l'affaire. Peut-être que, si je n'étais pas partie, c'est elle qui aurait fait sa valise.

Mes pas vont plus vite que ma pensée, je me retrouve dans la rue Gambetta. En face de moi se dresse l'hôtel Les Almadies, une maison basque aux volets rouges comme on en voit sur les cartes postales. Un balcon à chaque fenêtre. J'entre. À la réception, une fille à peine plus âgée que moi. On s'évalue. Mais je ne lui laisse pas le temps de me jauger. Ça sent le job d'été à plein nez.

— Bonjour, je voudrais une chambre.

— Pour combien de personnes ?

— Une seule.

— Tu voyages seule ?

Je hoche la tête.

— Sans tes parents ?

Nouveau hochement.

— J'en rêve, t'as trop de chance ! Moi, je suis coincée là tout l'été pour bosser avec eux.

Je pourrais la plaindre. Engager la conversation. Mais j'ai toujours été maladroite avec les gens de mon âge ou presque. Sauf les alités décharnés. Les allergiques à leur assiette. Les fâchés avec les radis, les oranges ou le poulet du dimanche. Je veux la paix et du wi-fi.

— Alors ?

— Il reste une chambre au deuxième étage avec un lit simple. Tu paies comment ?

Je lui tends ma carte, elle s'en saisit avec une lueur d'excitation dans le regard.

— Combien de nuits ?

— Une seule.

— Le petit déjeuner est inclus.

Je grimpe l'escalier rouge sous son œil attentif. C'est bien la première fois que je suscite de l'admiration. Un lit, un bureau, une baignoire. La chambre est simple et sans prétention. Un cocon pour quelques heures de repos.

Je jette mon sac à terre, récupère avec attention les bombes de graines de Joseph, les humidifie avec patience. Je me fais couler un bain. J'ai besoin de me rincer des émotions contraires. De démêler le vrai du faux. Je repense à une phrase vue sur les réseaux sociaux. « Ceci est mon histoire vraie, avec des mensonges à l'endroit, à l'envers, parce que la vie est souvent comme ça. » J'ai pris le temps de chercher qui était l'auteur : Olivier Bourdeaut. Malheureusement, il n'habite pas à un 12 bis, sinon, il aurait été de mon voyage. Son avis m'aurait été bien utile… Du vrai, du faux. Des mots à demi pour se protéger, pour m'aimer plus fort que l'autre. Pour dénigrer l'autre. Pour me forcer à faire un choix. Mon départ leur a coupé l'herbe sous le pied. Papa, maman, vous ne l'aviez pas vue venir, celle-là. Quant à moi, je n'avais pas anticipé la suite.

J'ai posé mon carnet sur le rebord de la baignoire. Le crayon, pas loin. J'y note tout en vrac. Le retour du goût amer. L'amour amer. L'amour trahi. L'attitude de Milo. L'admiration de la réceptionniste. Mon portable vibre, c'est Joseph. Je réponds sans réfléchir que je vais bien. Qu'il peut jeter la lettre, je l'ai reçue. Que ses plantes vont mieux que moi et qu'il me manque. Tout ça en vrac sans respirer ni espérer une réponse.

J'écris à maman, un message sans vigueur mais qui a le mérite d'exister. « Merci pour ta lettre. Je comprends. » Elle doit attendre un « Je t'aime, je rentre », mais pour le moment c'est trop tôt. Ça se bouscule dans mon crâne de piaf. Tout n'est pas clair. Rien n'est bien net.

Là, dans l'eau, je repense à l'hôpital. Quand les jours étaient moins épuisants, je filais à la bibliothèque. J'ignore comment et pourquoi, mais elle était riche en livres d'art. Ça m'a permis de cultiver mon appétence. Ça me donnait l'impression de voyager un peu. Le beau permet de rendre bon. C'est une petite phrase que je me suis souvent murmurée. Elle est en moi. Bref… Ce que je vis là, c'est beau et c'est violent. Pour rendre ça moins douloureux, il faut que je l'attache à une autre image. C'est comme ça que j'instaure de la distance entre l'émotion et ma petite personne. Cherche, Léa, cherche. Un tableau à la fois grand, fort, beau et super fragile, ça devrait te parler… Mes lèvres sourient, elles ont trouvé avant moi. Musée de l'Orangerie (je n'y suis allée qu'en rêve), une œuvre abstraite *The Good-bye Door*, Joan Mitchell. Tout est bon, jusqu'au titre. Imaginez quatre tableaux de près de trois mètres de haut accrochés les uns aux autres. Un quadriptyque (ma passion pour le Scrabble, toujours). Je me suis longtemps sentie proche de Camille Claudel. Est-ce que j'aurais pu être Joan Mitchell ? Famille américaine aisée, mère poète et père amoureux d'art. Pour l'argent, on n'est pas mal. Pour la poésie, je doute. Quant à l'amour de l'art, je valide.

Joan Mitchell rêvait d'être poète, comme sa mère. La mienne était traductrice, enfin, à l'époque où elle pouvait travailler. Avant moi, en somme. L'art de l'analyse et de trouver le mot juste. Bien sûr, ça me parle. Joan Mitchell était synesthète. Elle voyait les lettres en couleurs. Quand j'ai découvert cette bizarrerie, je l'en ai trouvée encore plus attachante. Vert pour A, bleu pour B… Un Rimbaud d'outre-Atlantique.

Quand elle peint ce tableau, en 1980, elle est en deuil. Les critiques soulignent son talent et évoquent un hommage aux *Nymphéas* de Monet. Ils louent son style et son originalité. Personne ne voit les blessures : la mort de sa mère, la fin d'un amour et sa patrie de cœur trop loin. *The Good-bye Door*, c'est l'allégorie de toutes ses peines. C'est aussi l'occasion de les sortir du cœur pour essayer d'avancer. La porte close de Milo, c'est ma porte à moi. La porte du bien qui me permet de faire tomber mes œillères.

Je te comprends, maman, laisse-moi un peu de temps.

Je te comprends mal, papa, laisse-moi un peu d'air.

Je refuse de te comprendre, Milo, laisse-moi rêver.

La délicatesse du bain en soulève une autre. Je pensais rester quelques jours avant de me rendre à Tarbes. À quoi bon ? Je connais le trajet. Je fais le yo-yo entre le Sud-Ouest et le sud de l'Ouest. Bref, je stagne. Pour moi, il est temps d'avancer pour de bon.

By Myself

Je quitte Biarritz sans me retourner – ça n'est pas comme si le lieu laissait en moi des souvenirs impérissables.

Marion n'est pas à la réception quand je file avant même le petit déjeuner. Je lui laisse un mot et une bombe de graines avec des bleuets et des pavots. Son regard sur moi mérite bien ce modeste cadeau. La fascination que je lui ai procurée n'a pas de prix.

J'attends à la gare, assise à l'ombre de cette nouvelle matinée d'été. Je guette les vacanciers, le fameux chassé-croisé des juilletistes bronzés et des aoûtiens blafards. Debout, Léa, bouge ! Aller à Tarbes depuis Biarritz, c'est la perspective d'un trajet d'une durée de quatre heures quarante-neuf.

Le TER 66520, d'abord, qui me dépose à Dax. Puis une heure quarante-huit d'attente de la correspondance. Enfin, le TGV Inoui n° 8572 de 13 h 22 pour une arrivée parfaite à 15 h 06.

Je profite d'une molle connexion en 3G pour me projeter. Si j'avais eu les moyens, où pourrais-je être en quatre heures quarante-neuf ? Barcelone : une heure trente ; Florence : une heure quarante-cinq ; Porto : une heure cinquante ; Istanbul : trois heures trente… Qu'aurais-je trouvé de plus ? Le dépaysement, la chaleur, mais est-ce que je me serais trouvée, moi ? Est-ce que j'aurais retrouvé deux sens oubliés ? L'étranger a un charme certain, pourtant, mon chemin est sur cette avenue du Maréchal-Joffre. J'irai voir ailleurs un autre jour. Pour le moment, je reste concentrée sur cette maudite adresse (ou cette adresse maudite, si j'en juge par mes récentes déconvenues).

Je n'ai de nouveau pas faim et cela m'ennuie. Ce n'est pas le moment de défaillir et je n'ai pas eu le temps de préparer mon bento coloré. Un tour au wagon-bar me sauve. Une salade de tomates-mozarella, ça ira pour la route.

Je grignote une tomate bouchée par bouchée. Je ne me souvenais pas qu'une tomate pouvait être sucrée. Merci, Joseph… Est-ce que je pourrai aussi dire merci à Marceau, le 12 bis de Tarbes ? Je sais ce que vous vous dites. Marceau, le mime, et tout le tralala. Je suis vaccinée, vu ? Pas merci, Milo, pour le coup.

Une question se pose tout de même alors que dehors le paysage défile. J'ai à peine vu la mer. Devant moi, les champs s'enchaînent. Dominos colorés et graphiques. Si je me retrouve de nouveau face à une porte close, qu'est-ce que je fais ? Demi-tour et je retente ma chance ? Ou un tour plus grand et direction Paris ? Les deux solutions sont possibles. Mais ai-je assez appris sur moi ? Est-ce que je pourrais me regarder dans la glace et me dire :

« Voilà, sois fière de toi, tu l'as fait. » Mon reflet dans la vitre ne semble pas dupe. Il a raison. Je ne suis pas partie pour rentrer au bout de deux semaines. Même si je sens qu'un cataclysme se prépare là-haut. J'ai besoin de revenir sur une victoire. Cela me donnerait assez d'énergie pour résister à ces parents qui ne s'aiment plus et qui veulent m'aimer trop pour compenser. Pas folle, la guêpe.

Je suis mes réussites et franchement, jusqu'à maintenant, je n'ai pas à rougir. J'aimerais partager ça avec quelqu'un qui le comprenne et se réjouisse pour moi. Tiens, une fois à Tarbes, j'envoie un mail à mon docteur en blouse blanche. Pour lui raconter, pour lui dire que je grandis. Et que je vais bien. Mieux ou presque.

Si je dois apprendre quelque chose de cette porte close, c'est que mon approche frontale et naïve n'est pas forcément la bonne.

Je porte en moi une grande force et aussi ma plus grande faiblesse, l'absence de tout sens stratégique. En même temps, j'ai longtemps cru que ça ne servait à rien. Élaborer des stratagèmes, quelle barbe. Mais, si je veux progresser sur mes envies de destinée, j'ai intérêt à élaborer un plan. Je crains Marceau. Je ne sais pas pourquoi. Ça doit sûrement être une petite peur insensée qui a décidé de se rappeler à mon bon souvenir. Un caillou dans la chaussure, en somme. À moins que mon caractère de mauvaise joueuse ne ressorte ? Je déteste rester sur un échec. Sonner à sa porte n'est pas une option. Il faut que je trouve autre chose. Je n'ai pas trop dépensé, je peux peut-être me reprendre une chambre d'hôtel, au moins pour un soir. Le temps de savoir à qui j'ai affaire. Je pourrais peut-être l'espionner un peu ? Élaborer une stratégie m'épuise d'avance.

L'arrivée à Tarbes est beaucoup trop rapide à mon goût. J'ai une sensation d'inachevé. J'ai surtout l'impression que je ne sais pas comment m'y prendre. Éviter le mur, contourner l'obstacle. Réfléchir. La gare se situe avenue du Maréchal-Joffre. Au moins, je ne suis pas dépaysée. C'est toujours aussi anecdotique, mais je ne me sens pas perdue. Je repère les numéros pairs. Je sais que, si je pousse un peu, j'arrive devant chez lui. Mais pas cette fois, pas comme ça.

Il est 15 heures, j'ai besoin d'un peu de calme. Et de recharger mon portable désespérément aphone. Ballottée par le train et mes pensées, je l'ai laissé se décharger. Les mauvaises nouvelles attendront. Je croise une glace au hasard de la rue. Est-ce que j'ai changé ? Sur le miroir, un message : « Comme tu es belle. » Quand mon téléphone ne sera plus muet, je repasserai me tirer le portrait. Histoire de me donner du courage ou de la contenance.

Je choisis un hôtel modeste d'où je peux faire tous mes trajets à pied. À l'accueil de l'Hôtel de l'Avenue (décidément, ça me poursuit), je paie pour trois nuits en tremblant légèrement. La somme est raisonnable tout en étant importante. Toute dépense de trop me renvoie à un retour précipité. Et je ne veux pas avorter mon histoire. Mes rencontres. J'ai trop besoin d'apprendre encore.

Allongée sur le lit pendant que mon mobile reprend des forces, j'avise mes options, je crayonne des idées folles et des pièges dingues. J'en arrive à la conclusion que le plus simple est de passer devant le 12 bis, de m'adresser au voisinage pour pouvoir parler à Marceau. Après, advienne que pourra. Je ne vais pas sonner à sa porte avec mon meilleur sourire. Je vais tâcher de faire mieux, cette fois. J'avise un dépliant de l'office du tourisme posé sur la table basse. Et je ris, je ris franchement. Mon hôtel est à dix minutes à pied de la maison natale du Maréchal. Foch. Décidément, même en matière d'adresses à destin, j'ai tout faux.

Sunset Sunrise

Il les a convoqués tous les deux. Il sait que ça va être délicat. Il voit que l'histoire se répète. La première fois, avec Léa, il a mis du temps à comprendre. Il était encore si jeune, inexpérimenté, peu confiant en ses sensations. Il fallait se référer aux livres, au concret. Fournir un diagnostic. Un médecin avec des états d'âme ? Peut-être un peu. Il ne veut pas réitérer son erreur. En se sauvant, Léa les a tous libérés.

Laurence pénètre dans le bureau, un peu hésitante. Le masque de tristesse se décolle lentement. Celle qu'il devine sous ces couches d'hésitation sait de nouveau rire. Il sait que cela prendra du temps, mais il est patient... D'ailleurs, tomber amoureux maintenant, il n'osait plus y croire. Il n'a rien dit. Elle sait. C'est l'essentiel. Une folie aussi... À leur âge, il n'est plus question de raison. C'est peut-être pour ça que ça lui semble si facile. Un moment suspendu, sans mots, juste des tendres gestes qui s'accordent. Ne pas trop réfléchir et vivre. Il veut lui embrasser l'intérieur du poignet gauche. Puis le droit, plus tard. Lui laisser un mot doux page 119 de *L'Amour fou*, qu'elle relit en ce moment. Il l'a vu sur sa table de chevet. Une version poche. « Dans ce paysage passionné qui se retirera un jour prochain avec la mer, si je ne dois enlever que toi aux fantasmagories de l'écume verte, je saurai recréer cette musique sur nos pas. » Dire les choses plus simplement que Breton. La laisser vivre et reprendre pied. Ils se comprennent. Elle et lui savent. Ils se souhaitent tous les deux d'être follement aimés. Heureusement aimés.

Il est temps d'agir maintenant. Après, il pourra être entièrement homme. Il n'a pas donné de motifs précis à ce rendez-vous. Ces deux-là sont si habitués à parler de Léa qu'ils n'envisagent pas d'autre sujet. D'ailleurs, quand Laurent arrive avec cette immuable satisfaction dans le regard, le médecin sait qu'il a encore quelques pas d'avance. Il s'assied nonchalamment. À son attitude de conquérant, il comprend que le père de famille aux airs si constants est lui aussi sur un autre chemin. Tout le monde part, personne ne se quitte. Ça n'en sera pas plus facile pour autant. Mais, pour saisir le bonheur proche, il est prêt à tout…

— Bonjour, merci d'avoir accepté ce rendez-vous.

— Pourquoi nous avoir convoqués ? Vous avez des nouvelles de Léa ? demande Laurent.

— Effectivement.

— Et…

— Pas vous ?

— Je vous ai posé une question.

— Moi aussi.

Un temps…

— Non, je lui ai envoyé un message mais elle n'a pas répondu.

— Elle va bien, rassurez-vous, elle est arrivée à Tarbes. Elle continue son périple. Elle est son meilleur remède.

— Tant mieux.

Ce regard bleu polaire, cette certitude d'être dans son bon droit a un côté angoissant. Laurence l'ignore. Sa joie est ailleurs. Ses désirs aussi. C'est la fin. La rupture qu'elle attendait. La maladie lui offre cette porte de secours qu'elle a longtemps cherchée. C'est terrifiant de se savoir presque libre après des années de mensonges. Laurence apprend à se regarder dans la glace et à apprécier son reflet. Elle se surprend à chercher des ressemblances avec Léa. Même ligne fine, même allure dégingandée. Une féminité discrète.

— Laurence, je voulais également solliciter ce rendez-vous pour évoquer votre santé. Vos résultats sont satisfaisants, vous pourrez sortir prochainement.

Tressaillements de Laurent, qui croise les jambes sans un mot. Laurence regarde son époux. Ça la dérange et ça fait remonter une sourde douleur.

— C'est une bonne nouvelle.

Intervention de Laurent :

— J'aimerais une contre-expertise. Je ne suis pas sûr de votre capacité à juger de l'état de ma femme.

— Il n'est pas question de jugement, monsieur, mais d'analyse de résultats sanguins. C'est-à-dire de faits.

— Très bien, mais je demande un deuxième avis. Quinze jours pour se remettre, ça me semble léger.

— Non.

Laurence se redresse dans son fauteuil. Il est temps de couper les liens, les sacrés et les autres.

— Pardon ?

— Laurent, je t'ai dit non. Je vais bien, puisque je te quitte.

Silence. Déglutition laborieuse.

— Je te quitte. Je divorce. Reste si tu veux, notre couple ne m'intéresse plus. J'ai désormais envie d'être le point de départ de mon histoire.

— Tu délires, Laurence. On ne part pas comme ça.

— Tu l'as bien fait, toi, il y a des années. À la différence subtile que tu revenais dans mes draps.

— On peut se parler en privé ?

— Non. Je parle et tu écoutes. J'ai compris la perversion de ton personnage. Ce que tu es au fond et que je n'ai jamais voulu voir. Tu m'as fait perdre la raison, ce que j'avais de foi en moi. Tu aurais continué, j'aurais perdu Léa… Donc je m'arrête là.

Laurence respire à fond. Son ventre gonfle, elle sent l'air dans ses poumons. Elle est en train de le faire pour elle. Un peu pour lui, dans sa blouse blanche. Au fond, elle s'en fout. Elle a besoin de cette folie, de cette aventure. De s'aimer pour elle. De mettre de la distance entre cette histoire malheureuse et celle qu'elle devient aujourd'hui. De l'oublier et de se pardonner. Elle avait pressenti, au début de leur histoire, la capacité de Laurent à s'animer sous certains regards. Elle avait deviné l'égocentrisme, elle croyait que ça passerait. Mille fois elle avait pensé qu'il fuirait avant la naissance. Il était resté. Peut-être parce que ça aurait fait de lui un salaud trop facilement identifié. Subir encore un peu. Craquer sous le poids d'une femme invivable, ça faisait mieux pour l'entourage.

— Je vais mettre l'appartement en vente. Organiser la récupération de mes affaires. Pour le reste, je ne veux plus te voir.

— Tu as pensé à Léa ? Tu ne peux pas lui faire ça. Cet appartement, c'est son repère…

Laurence se lève, elle voit désormais venir les coups. Elle décoche même un sourire.

— Tu sais, Laurent, c'est mon appartement. J'en fais ce que je veux. Même ça, tu as réussi à me le faire oublier : que j'étais chez moi. Ça fait vingt-cinq ans que tu mens, que tu me trompes, que tu me tortures. Quant à Léa, son « repère », comme tu dis, tu as la preuve qu'elle a eu envie de le quitter pour aller en trouver d'autres. Cet argument ne tient pas.

— Je te torture ?

Laurent étouffe un rire mauvais. Elle essaie, face à ce médecin que tous les deux connaissent, d'inverser la vapeur. Plus elle se justifie, plus elle s'accuse. Cela prouve aux yeux de Laurent que sa femme est folle, et ce médecin, incompétent.

— Laurence, tu es invivable. Tu viens de passer dix ans à verbaliser ta haine par des cris. À traumatiser notre fille. Quant à notre intimité, n'en parlons pas.

Ça aurait pu lui faire mal, mais ça la soulage de dire enfin le fond de sa pensée :

— J'ai cessé d'avoir envie de toi le soir où j'ai senti le parfum d'une autre sur ta peau. Ça m'a donné la nausée. Un dégoût profond de t'avoir choisi. Malgré les autres, malgré ma famille, malgré les doutes.

Laurent se lève. Le médecin analyse. Il est fier d'elle. Il le lui dira plus tard. Loin de cet orage.

— On a toujours fait comme tu voulais. Un grand appartement, la vie paisible de banlieue. Un enfant. Et maintenant tu me reproches ce bonheur. Tes propres choix.

— Je t'ai trop aimé. Et, quand on aime trop, on aime mal. On devient con. On s'oublie. Mes choix ont été tes décisions. Je n'ai rien vu, rien pigé. Je viens de me retrouver. C'est trop tard pour nous. Pas trop tard pour moi, ni pour toi, d'ailleurs, alors tu sors de ce bureau. De chez moi. De ma vie. De celle de Léa.

— Léa est ma fille.

— Léa est majeure…

Ses genoux flageolent. La majorité de sa fille ne lui avait pas semblé être un sujet jusqu'à présent. Léa, sa Léa l'a toujours écouté. Il saura trouver les mots. Mais ces dix-huit étés ainsi exposés lui donnent le vertige. Et si elle ne revenait pas ? Et si elle ne le croyait pas ? Et si elle l'abandonnait ? Impossible, leur histoire est trop forte, viscérale. Ils se retrouveront pour le meilleur. Le pire, il l'a devant lui. Elle a l'air plus reposée. Il devine des changements à venir dont il ne fait déjà plus partie. L'emprise s'estompe. Il a besoin de garder la main. Il se lève, hésite un peu. Cette histoire de majorité lui fait battre le cœur plus fort et plus vite.

— Bien, je vais y aller.

— Parfait. Adieu.

— Je ne comprends pas.

— On s'est aimés, on ne s'aime plus.

— Mais tu ne peux pas me sortir de ta vie comme ça.

— Tu l'as bien fait, toi.

— Tu mélanges tout, tu affabules. Tu confonds des nuits sans lendemain avec le couple que nous formons.

— Formions. Du jour où Léa a été malade, nous n'avons plus été un couple. Il y en avait toujours une autre, peut-être deux, je n'ai jamais voulu savoir. Aujourd'hui, ça n'a plus d'importance. C'est la dernière fois que nous nous voyons. Je ne veux plus de ta présence toxique dans ma vie.

— Toxique ? C'est moi, le poison, maintenant ?

Laurent fulmine et ne s'en cache plus.

— Laurence, je ne sais pas à quoi tu joues, seulement, ça ne prend pas. Qui vient d'être internée quinze jours ? Qui a tout fait pour foutre en l'air son couple ? Qui préférait voir sa fille morte plutôt que tenter un voyage ? Tu me dégoûtes.

— Moi aussi, je me suis dégoûtée. J'essaie de me pardonner.

Laurence se lève à son tour. Elle a envie de prolonger la lutte, de tout lui dire. Elle est douée dans l'art de la confrontation. Cela demande de l'énergie, trop, peut-être. Elle préfère la donner à quelqu'un qui la mérite.

— Pars, maintenant.

— Tu me chasses ?

— Non, je me libère.

Un claquement de porte étouffe son dernier mot. Elle regarde son homme en blouse blanche. Quel cliché… Quelle perspective réjouissante.

Elle l'a fait. Elle est partie. Il ne sera jamais plus question de lui. Elle vient de clore le chapitre. Elle attrape son téléphone, écrit nerveusement un message à Léa. Se retourne et sourit. Le médecin attrape son bras en cherchant sa main.

— Tu as été courageuse. Je suis fier et ému pour toi.

— Ne le sois pas, j'ai agi pour ma peau.

C'est encore un peu tôt pour l'embrasser directement. Son téléphone vibre à nouveau. Ses lèvres sur les siennes attendront encore. À Tarbes, il se passe quelque chose. Elle ne veut pas rater ça. Léa vient de la sauver. Cet amour vaut bien tous les autres.

Woni

Douchée, chargée, changée. Il est temps d'y aller. Mon plan est prêt. Je vais, pour une fois, procéder par étapes. Un, son adresse. Deux, ses habitudes, trois, son allure, quatre… Si j'arrive à quatre, ce sera un progrès non négligeable. J'ai laissé un message à Joseph ce matin pour me donner du courage. Et pour lui demander de me rappeler. Visiblement, son projet avance, mais je n'ai pas tout saisi.

Marceau, donc. J'ai beau m'interdire de l'imaginer, je le vois déjà danser sous mes yeux. Élégant et fluide. Arrête tes conneries, Léa. Confronte-toi à la réalité deux secondes et avance.

Bouger, donc, Tarbes sous le soleil du matin. La lumière est douce, rien à l'horizon. Quelques promeneurs avec leurs chiens, des joggeurs, des pigeons. La gare, passer devant sans la voir, l'avenue du Maréchal-Joffre, encore. Toujours droite et sans saveur. Mes jambes me portent trop vite devant le 12 bis. Bien, j'y suis, et maintenant ? Il est encore tôt. Un banc, une boulangerie et moi. Un rayon de soleil et mon ventre qui gargouille.

— Un pain au chocolat, s'il vous plaît.

— Une chocolatine, vous voulez dire.

— Si vous voulez...

Concentrer mon attention sur la viennoiserie, son odeur, ses promesses. Poser mes fesses pointues sur ce banc, un café à la main, et attendre. Guetter. J'ai eu des messages de maman. Sa tendresse nouvelle est une surprise que j'accueille avec joie. Pour le reste, je ne suis pas sûre. Saveur du beurre sur ma langue. Frisson du palais, éclipse dans mon cerveau. C'est bon, les goûts oubliés.

Déglutir et penser à Marceau. Quelles fenêtres, quel étage ? Une bouchée que je savoure délicatement. Une grand-mère à bigoudis interrompt mon errement culinaire :

— Vous êtes perdue ?

— Non, madame.

— Je ne vous ai jamais vue auparavant.

— Non, en effet.

— C'est mon banc...

— Ah, et vous permettez qu'on le partage ?

— Je ne sais pas. Fifi a ses habitudes, vous savez...

— Fifi aime le pain au chocolat ?

Elle s'assied. Je partage mon petit déj avec un chien pétri de rituels et à l'évidence plus câliné que je ne l'ai été depuis ma naissance.

— Vous vous appelez comment ?

— Léa, madame.

— Moi, c'est Yvonne.

On se tait, on se regarde. Platanes, brise, rayon de soleil, Yvonne, le banc, Fifi et moi.

— Vous habitez dans le coin ?
— Non, je suis de Paris.
— Vous êtes loin de chez vous.
— Oui. Et vous, vous habitez dans le coin ?
— Juste devant vous. Au 12 bis.
— Moi aussi j'habite un 12 bis…
— C'est drôle, ça.
— Drôle, je ne sais pas, mais ça me fait voyager. Ils sont sympas, vos voisins ?
— Oui, vous savez, on est une toute une bande d'octogénaires, dans cet immeuble. Le petit jeune du groupe, Marceau, a fêté ses cinquante ans ! C'est vous dire.

Cinquante ans, donc. Ça n'est pas une surprise, je l'imaginais dans cette tranche d'âge. Un quinqua au pays des têtes blanches.

— C'est pratique, d'ailleurs, un jeune. Il donne des coups de main, dépanne pour les courses. Enfin, quand il est réveillé dans la journée.
— Pourquoi ?
— C'est un noctambule. Il travaille de nuit à la radio.

Voilà, j'ai mes infos, mon opportunité. Fifi, sur mes genoux, réclame encore du pain au chocolat.

— Il faut manger, mademoiselle, sinon, ce gourmand va tout vous boulotter.

Un dernier morceau pour Fifi, un pour moi. Je remercie mon interlocutrice et je file. J'ai une longue journée à tuer avant de pouvoir rencontrer Marceau. Ça devrait me laisser le temps d'envisager une option pas trop bancale. Pour réussir mon coup, cette fois.

Un détour par le marché, le nez en l'air. Le jardin Massey m'accueille. J'enlève mes chaussures ; les pieds dans l'herbe, je pense à Joseph. Est-ce que j'ai raison de faire ce que je fais ? Est-ce si important, au fond, d'avoir un destin ? Les gens sont-ils moins heureux quand ils mènent une vie normale ? Avec un job normal, un amoureux normal. Au final, n'est-on pas plus heureux quand on coche les cases autorisées par la société ?

Moi et mes idées. Moi et mes grands principes. Si ça se trouve, je me rends malheureuse toute seule. À désirer tout, à vouloir l'impossible, je suis le cul dans la pelouse à huit cents kilomètres de chez moi avec un désir hypothétique de rencontrer mes camarades d'adresse. Maman me manque et ça me surprend, d'un coup. Ses messages réguliers auxquels je réponds avec prudence me font sourire. Papa essaie de me joindre, mais un sentiment douloureux se réveille à chacun de ses appels. Je ne réponds pas. Quand je saurai, je lui parlerai. Mon gentil docteur m'envoie des pensées bienveillantes. Et Joseph n'arrête plus. Échanges brefs, drôles et piquants. Tiens, si j'envoyais une carte à l'odieuse Milo ? Pour lui dire que j'ai compris le message mais que j'irai quand même au bout des choses ?

Le temps est infini jusqu'à la nuit. Je ne sais pas gérer le vide. La lettre à Milo est une bonne idée. Me connaissant, je vais finir par la remercier d'avoir eu cette attitude ingrate. Le fond est juste, la forme me gêne. On n'était peut-être pas faites pour se croiser. Mais s'écrire…

Chateau

Lunettes vissées sur le nez, Milo a demandé au taxi de s'arrêter au 16 de l'avenue. En passant devant chez elle, elle voit le portail vide et soupire. La voie est libre. Durant ces quelques jours de voyage, ça n'a cessé de tourner dans sa tête. Léa devant la porte, attendant son retour. Une idée saugrenue, mais on n'est jamais trop prudent avec les rêveurs.

Elle attrape ses affaires, les clés au fond de sa poche. Rien n'a changé. Elle entre chez elle, plus de perturbations, plus de bruit. Milo n'a qu'une hâte : se rincer dans l'océan. Un tour de clés, le portail bute et résiste. Elle insiste, pousse, ouvre la porte en grand. Un monticule de terre avec un coquelicot sur le dessus l'accueille. Dans son allée immaculée de graviers, cette mauvaise herbe prend ses aises. Elle s'en occupera plus tard. Vite. Rentrer. Se poser.

Elle a mal au crâne et mal au cœur, et elle sait exactement pourquoi. Pendant son séjour, elle a raconté cette anecdote à l'équipe de production. Coiffeur, maquilleur, photographe. Ça n'est pourtant pas son genre, de se livrer. Mais cette histoire la taraudait, même à dix mille kilomètres de chez elle. C'est sorti entre deux prises sur le ton de la plaisanterie. La jeune fille perdue, la lettre, la quête d'un destin. Elle s'attendait à provoquer des rires. Bien au contraire, chacun y est allé de son histoire, de ses interrogations. Les membres de l'équipe étaient bouleversés, tant par cette Léa qu'ils ne connaîtraient jamais que par l'attitude de Milo. Elle s'est contentée d'en rire, de formuler une pirouette verbale, mais le cœur n'y était pas. Qu'ont-ils ressenti qui semblait lui manquer ?

Le répondeur clignote, elle le débranche. S'affale sur le canapé pieds nus. Milo n'est pas le genre de femme à revenir sur un sujet. Sa beauté-carapace la protège des regards et des jugements. Cela fait bien longtemps que l'avis du monde glisse sur ses taches de rousseur. Alors pourquoi y repenser ? La lettre est sur le bureau de bois clair près de l'ordinateur, elle la prend pour la relire.

Tant d'émotion sur quelques pages. Milo extériorise peu. Elle a oublié. Certes, elle est heureuse par et pour elle-même. La clé de la liberté. Mais tout cela reste froid. Ça manque de relief. Elle pense au coquelicot, cet accident végétal dans cette grande allée droite. Ça ressemble à la vraie vie. Inattendue. Douloureuse, parfois. En se protégeant des émotions, les siennes et celles qu'elle provoque, elle devient petit à petit un joli corps dénué d'âme.

Elle sait pourquoi elle agit ainsi. Sous son indifférence apparente, tremble encore un peu la petite fille à qui on interdisait d'être belle. Élevée par une mère qui la réprimandait chaque fois qu'elle se permettait de jeter un coup d'œil dans le miroir, Milo a transformé sa beauté en arme. Être sublime, n'être que ça et faire enrager ceux que ça n'arrange pas. Elle ne parle plus à sa mère depuis des années. Milo invente toutes les excuses du monde pour ne pas la voir. Sa mère renonce à lancer des invitations. À peine évoque-t-elle sa fille auprès de ses amies. Léa a de la chance : sa mère semble vouloir rattraper le temps passé. Une mère à moitié folle et malade, c'est toujours mieux que pas de mère du tout. Milo reste persuadée que, même au bord du gouffre, sa mère tiendrait bon. Avoir une fille mannequin, c'est comme avoir une fille prostituée. On n'en parle pas. On tait son nom. On oublie son existence. On essaie, du moins. Cette femme n'est pas du genre à demander pardon, elle non plus. Ça leur fait un point commun. Mais Milo refuse de le voir. Qu'elle puisse lui ressembler, ne serait-ce qu'un peu, c'est trop violent, ça vient piétiner ses tentatives d'oubli.

Il lui faut chasser ces idées idiotes, et vite. Se laisser aller est trop dangereux. C'est risquer de replonger vers l'avant. Et il n'en est pas question. Elle se déshabille, attrape un maillot de bain, un short, une serviette. Rien de mieux qu'une noyade contrôlée pour évacuer le pathos. En sortant, elle se retrouve face au coquelicot.

Que la nature profite de son absence pour n'en faire qu'à sa tête la révolte, quelque part. En s'approchant mieux, elle constate de la terre éparse et d'autres tiges vertes en cours d'apparition. Que quelqu'un ait pénétré chez elle volontairement pour planter ces graines lui semble fou. Idiot et dangereux. Surtout, vain. Avisant la boîte aux lettres, elle constate que cette dernière est également maculée de terre. À l'intérieur, un amas de terre, d'eau et de graines à peine levées. Les tiges vert clair poussent çà et là, à la recherche de lumière. Ça sent le jardin. On envahit son monde avec des graines. On lui laisse un message. Une boule de terre non effritée attire spécifiquement son attention. C'est ingénieux. De la terre, des semis. Il y a un côté anarchique, une révolte verte à portée de main. Milo n'a pas l'âme d'une enfant. Léa, certainement. C'est signé.

En chemin vers l'océan et ses baïnes, Milo ne cesse de tempêter, mi-amusée, mi-agacée par cette fille qui ne renonce à rien. Au final, elles ont un point commun. Léa, à sa façon, emmerde le monde, quoi qu'il advienne. Son histoire de destin, c'est l'histoire de la beauté de Milo. Des miroirs pour aller vers soi. Milo impose son aura comme une arme pour aller où son cœur le souhaite. Léa entreprend avec courage un voyage avec un but précis. Le fond et la forme ne vont pas ensemble. Cependant, Milo saisit enfin le pourquoi de l'aventure.

Il n'y a personne sur la plage. Elle en profite pour se déshabiller complètement et se jeter à l'eau. Dans la position de l'étoile de mer, elle se laisse bercer un temps. Elles ne sont pas faites pour se rencontrer, mais pourquoi ne pas essayer de se parler ? Milo est assez peu habile avec les mots. Ça claque fort et sec quand elle ouvre la bouche. Pourtant, la douceur s'apprend, surtout à l'écrit. En trouvant le ton juste. Elle ne va pas s'excuser. Si Léa la contacte de nouveau, elle ne va pas fuir. Elle va essayer de trouver le ton juste pour lui dire qu'aujourd'hui elle comprend. Une vague la submerge, l'étouffant à moitié. Elle reprend ses esprits et nage un peu plus loin.

Polaroid

J'ai attendu le soir toute la journée. C'était long. Tellement long. J'en ai profité pour écrire à Milo. J'ai opté pour une vilaine carte postale. Parler, d'accord, s'excuser, non. Je suis retournée à l'hôtel. Une douche pour commencer et faire passer le temps. Préparer un dîner vert à base de concombre et de courgettes. Je ronge mon frein, je grignote les légumes. Je suis prête, je sais quoi faire. J'ai téléphoné à la radio et j'ai accroché le standardiste avec mon histoire. Il faut croire que parfois je peux être touchante. Une jeune femme malade, un voyage, tous les ingrédients sont là pour saisir l'auditeur entre deux publicités. La radio doit me rappeler entre 20 et 22 heures. Les secondes s'écoulent et il est toujours 20 heures à ma montre. Je viens de me retourner douze fois sur mon lit.

Dehors, l'air est doux, allez zou. Marcher sans savoir trop où aller. J'ai une envie d'escapade en hauteur. De voir cette ville plate autrement. Le truc, c'est qu'à part escalader les monuments publics et potentiellement finir chez les flics je n'ai pas un terrain de jeux infini. Reste une option, j'y pense en passant devant l'église Saint-Jean-Baptiste. J'aime ces lieux de culte ouverts aux prières et au vent. Horaires d'été… J'ai le temps.

Je n'ai jamais été forte en églises. Je ne suis pas plus douée en psaumes. La religion est la grande inconnue de ma vie. Baptisée « au cas où », j'éprouve toujours de la surprise au moment de me signer avec l'eau plus ou moins propre du bénitier. Ce signe, se signer. Avancer. Saint-Jean-Baptiste aurait besoin d'une restauration. La lumière rasante de fin de journée danse dans les vitraux. J'avise l'orgue, l'escalier pour grimper. Un panneau, mon point de sortie se situe dans la tour, principale composante du bâtiment. Cinq étages et des meurtrières. Est-ce qu'on prie mieux en altitude ? Est-ce que les mots montent plus vite jusqu'au principal intéressé ?

« Érigée à la fin du XVe siècle, Saint-Jean-Baptiste est une église de style gothique méridional, elle est formée de murs droits percés de larges fenêtres en ogive, et sa nef unique est garnie de chapelles latérales logées entre les piliers des arcs-doubleaux soutenant la charpente du toit. »

Pas besoin d'Internet, je n'ai qu'à lire les affichettes sur les murs. L'église, dont le plafond culmine à plus de neuf mètres, est divisée en six travées, deux correspondant au sanctuaire, trois à la nef, la sixième à la tribune. Elle abrite notamment un grand retable baroque du sculpteur Jean Brunelo représentant le baptême du Christ. L'orgue de l'église est signé par Commaille, facteur d'orgues du XIXe… À part ça, la trappe d'ouverture est d'une lourdeur inimaginable. Un œil sur la montre, un autre sur la trappe, j'arrive à me faufiler dans un terrible vacarme. Peut-être un moyen de me manifester auprès d'une puissance supérieure ? Ou un moyen de ne pas être enfermée.

Vue de haut, Tarbes reprend des couleurs. Ciel rose, orangé, ombres portées à tous les étages. J'ai le cœur un peu moins lourd, c'est déjà ça. J'ai évacué cette pensée toute la journée, mais elle est bien là. Si je me plante avec Marceau, je rentre. Je n'irai pas plus loin. Et mon destin se résumera à avoir retrouvé deux goûts et vaincu quelques peurs. Le bilan n'est pas si mal.

Un œil rivé sur le téléphone, un autre sur la montre. J'ai cinq minutes pour redescendre. Je ne croise personne dans mon escapade. J'aurais aimé, au fond, voir un homme d'Église pour évoquer tout ça. Tant parce que j'aime aussi les points de vue différents que pour parler un peu. Ce voyage m'apprend la gestion des mots. Mon portable sonne au moment où je pose le pied dans l'avenue du Maréchal-Joffre.

— Bonsoir, Léa, c'est Paul, du standard. On est en retard, je te passerai à l'antenne vers 22 heures. OK pour toi ?

Attendre. Je ne suis pas faite pour cela. Comme il me faut encore laisser filer les minutes, j'ouvre mon carnet. Je vais savourer mes petites victoires. Voyons, j'ai dix-huit ans et envie de vivre. J'aspire à être prise au sérieux par ceux qui croisent ma route. J'apprends à m'aimer, plus ou moins bien selon les jours. J'ai envie d'être respirée pour de vrai. D'être embrassée si je le veux. D'avoir rendez-vous avec quelqu'un qui me plaît. D'être vue comme une jeune femme et pas comme une patiente. De trouver quelqu'un pour moi. Bien pour moi à défaut d'être fait pour moi. Je me soigne, de mes habitudes et de mes défauts. De mes défiances aussi. C'est peut-être ça, ma vraie victoire. Réussir là où les autres ont échoué. Je devrais remercier mon âme de mauvaise joueuse. Elle me permet de me tenir droite dans cette avenue du Maréchal-Joffre. J'ai eu raison de croire à ma folle idée. Trouver Marceau, lui conter mon histoire et être persuadée qu'il va être touché. On ne se bat que pour ça, non ? Les émotions qui nous énervent, qui nous font réagir. Qui font agir notre ventre, notre âme et tout le reste. Cette aspiration saine à être juste au bon endroit. À être juste vis-à-vis de soi. J'ai la certitude que tout va bien se passer, que je ne vais pas rentrer demain. Pas tout de suite, pas encore.

Quatre autres 12 bis. Quatre histoires et plus. Au fond, ils sont tellement nombreux.

Pourquoi eux ? Pourquoi pas.

Au-delà de l'itinéraire, je les ai choisis pour un détail : Milo pour son prénom, Joseph pour le fantasme qu'il provoquait chez moi. Marceau, je ne suis pas encore bien sûre.

Mon dernier 12 bis, Garance, je l'ai choisie pour son métier : écrivain public. C'est la seule information que j'ai pu trouver sur elle. Un métier rare et anecdotique qui mérite bien qu'on la rencontre en chair et en os. Ça me motive, ça me booste pour passer le cap des minutes qui ne défilent pas…

Je répète encore à voix basse… « Je m'appelle Léa, j'ai dix-huit ans et je voudrais savoir si j'ai un destin. » J'ai peut-être intérêt à policer mon langage. J'ai peut-être intérêt à être un peu moins moi. En même temps, je ne sais faire que ça. J'ai créé cette expérience. C'est à moi de décider quand elle s'arrête. Personne d'autre n'a ce pouvoir. Je me lance ce défi d'y arriver.

Je pourrais marcher un peu, je pourrais me poser sur le banc. Je pourrais dire à voix haute et à la lune qui monte ce que j'ai déjà accompli. Dire rend concret. Dire tout haut, encore plus.

Je mange sans angoisse.

Je suis capable de lancer une conversation.

Je n'ai pas appelé au secours.

Je n'ai pas rappelé mon père.

Je ne suis pas un cornichon.

J'ai un ami jardinier un peu punk qui pense à moi.

J'ai écrit à Milo sans agacement.

Je parle à maman.

Ce soir, je rencontre Marceau.

Voilà ce que je suis. Mes hésitations et mes actions. Mon téléphone vibre. Papa. Pas envie. Pas possible de perdre mon énergie. Je crois commencer à comprendre. Ça ne m'intéresse pas. Ça sonne de nouveau. C'est la radio. Je respire un grand coup. C'est presque comme un jeu…

Dans le studio, Marceau attrape une nouvelle fiche. Le prénom en haut à gauche, puis l'âge et un bref résumé de la conversation à venir. Avec des flèches et des mots surlignés. Une gigue joyeuse se danse devant ses yeux. C'est le moment qu'il préfère. Celui de la première écoute et du premier échange. Tout se joue sur cette seconde. Manquer d'air, c'est rater d'entrée l'échange. C'est pour ça que Marceau s'y sent à l'aise. L'instinct avant la raison. Le goût du risque à chaque prise d'antenne. Et ce qu'il lit le conforte dans la décision de prendre cet appel.

« J'espère que ma vie va prendre enfin un sens. Une vie avec du panache dedans. »

« J'ai envie de savoir si les gens comme moi, un peu bouleversés dans leur vie, peuvent en sortir grandis. »

« Je ne manifeste pas dans les marches pour le climat. Est-ce que j'ai droit à un avenir malgré tout ? »

« Est-ce qu'échapper à la mort me donne la légitimité de devenir ? D'être regardée pour de vrai ? D'être aimée ? »

Que de questions pour une seule personne. Le regard parcourt rapidement le mémo. Un prénom : Léa ; un âge : dix-huit ans. Marceau pressent un appel crucial. À force, il a l'habitude. Pensez donc, toutes ces soirées à écouter. Il connaît l'importance des mots. Le choix du vocabulaire. Il y a de la gravité et du sens dans ces bribes de conversation avec le standard. C'est le genre de coups de fil qu'il attend. Le genre d'appels dont on lui parle longtemps après dans les couloirs de la radio. Ça va être un coup comme lui seul sait les gérer. Cet appel va en entraîner d'autres, augmenter le volume de courrier d'auditeurs. Il refuse de lire les mails et autres messages sur Twitter. Ça va être un vrai moment d'antenne. Après ça, il pourra savourer un double whisky et dormir quelques heures. Marceau remonte ses manches, jette un coup d'œil à l'horloge numérique du studio. Note l'heure sur une feuille, respire un grand coup et fait un geste en direction de la régie.

— On a Léa en ligne. Bonsoir, Léa.

— Bonsoir.

— Nous vous écoutons.

— Je m'appelle Léa, j'ai dix-huit ans. J'ai failli mourir parce que je ne suis pas normale. Je vais mieux, aujourd'hui. Je fais un voyage pour me soigner. Pour savoir si une fille comme moi peut avoir un destin.

— C'est ce qu'on appelle un moment de vérité, je vous remercie de le partager avec nous. Vous avez été gravement malade, dites-vous ?

— Oui, on peut dire ça comme ça.

— Qu'est-ce qui vous a permis de vous en sortir ?

— Mon mauvais caractère.

— Déjà, je tiens à saluer votre courage et votre humour. Vous êtes toute jeune, mais déjà bien ancrée.

— « Ancrée », ce mot me parle.

— Vous aimez les mots ?

— C'est comme me demander si j'aime respirer.

— Et où voyagez-vous ? Vous avez prévu une jolie destination pour vous récompenser de vos efforts ?

— Je voyage déjà, en fait…

Une fugueuse ? À vingt ans ? Même pas, dix-huit je crois. Toujours calme, Marceau se note l'option en bas de page.

— Et où voyagez-vous ?

— En France.

— Vous avez bien raison, on a la chance d'avoir un pays qui regorge de coins fabuleux.

— Ça n'est pas la géographie qui a déterminé mon itinéraire.

— Ah bon, et quoi donc, dans ce cas ?

— Disons… une adresse.

— L'adresse de quoi ?

— J'ai tapé mon adresse appliquée à toute la France sur Google. J'ai eu un certain nombre de réponses et j'ai choisi quatre personnes.

— Vous voulez dire que vous voyagez en France à la rencontre de personnes habitant toutes la même adresse ?

— C'est ça. Je voudrais savoir si une adresse banale détermine la grandeur de notre destin.

— Vous savez, Léa, ça n'est pas l'adresse qui conditionne le destin.

Jeune femme étrange, pense Marceau.

— Qu'est-ce qui donne un destin, alors ?

— Qu'est-ce qui vous pousse à vous demander si vous avez un destin ?

— Une question, une question ? On ne va pas s'en sortir !

Et elle a de l'humour.

— Peut-on savoir quelle est cette adresse précieuse qui vous fait voyager ?

Léa respire un grand coup.

— Le 12 bis, avenue du Maréchal-Joffre.

Les deux mains sur son casque, le cœur en apnée, Marceau manque d'air.

Both Sides Now

Laurence a oublié que les choses peuvent être simples. Il suffit de les souhaiter et les appliquer. Merci, Léa, encore une fois. Elle n'a pas attendu de sortir de l'univers médicalisé pour prendre l'initiative. Et elle a demandé de l'aide. Preuve que la guérison est en bonne voie. En se séparant du père de sa fille, Laurence s'est soudain souvenue qu'elle avait une famille avant lui. Des parents âgés mais toujours agiles. Un frère qu'elle voyait peu. Les souvenirs sont revenus à la surface. Elle a beaucoup parlé. Beaucoup demandé pardon. En face, on a écouté, compris, accepté ce pardon et mis beaucoup d'amour dans les mots.

L'appartement est en vente. Son frère a géré le déménagement des meubles. En levant une dernière fois la tête dans ce duplex qu'elle a adoré et détesté, elle se dit qu'il est grand temps de retourner à Paris.

Elle a empaqueté toutes les affaires de Léa. Donné le mandat à un agent immobilier. Nous sommes en plein été, il ne va pas se vendre tout de suite. Trois semaines que Léa vadrouille. Vingt et un jours qu'elle change sa vie et la sienne. Dix ans et des poussières à sombrer. Cinq cent quatre heures pour s'en sortir. De l'utilité de bien employer son temps. Laurence ne fait jamais les choses à moitié. Quand elle va bien, c'est à l'excès. Quand elle est malade aussi. Elle se remet très vite.

Elle a claqué la porte sans se retourner, à la limite de jeter les clés. A dévalé les trois étages, regardé une dernière fois la cage d'escalier ocre, l'escalier bleu. L'allure provençale de cet immeuble de banlieue où elle ne remettra jamais les pieds. Et filé.

Elle retourne chez elle, dans cette capitale qu'elle n'aurait jamais dû quitter. Elle reprend l'histoire là où elle a commencé. Laurence avant Laurent était belle et lumineuse. Laurence avant Laurent était traductrice. Elle n'a jamais arrêté de l'être, mais avait largement ralenti la cadence. La maladie, la distance, la flemme de travailler dans cet appartement sans bureau. Et puis sa présence à lui qui ne la voulait consacrée qu'à sa famille.

L'avantage d'être parisienne en août, c'est qu'on peut marcher au milieu de la route sans se faire écraser. On peut trouver une place en terrasse pour le café du matin. Et même un appartement en location. Paris vide est magique. La ville se laisse prendre par qui veut bien essayer de la saisir.

Laurence n'a pas longtemps réfléchi au quartier. Elle veut un endroit qui lui fasse du bien et qui permette à Léa, si elle le souhaite, de venir s'y installer. Port-Royal s'est imposé. Le Luxembourg en haut, l'Observatoire pas loin, les petites rues du 5e en bas. Et puis c'est un boulevard. Elle a envoyé un message à Léa pour indiquer ce changement d'adresse. Réponse : une émoticône pouce levé. Ça suffit au bonheur maternel.

66, boulevard de Port-Royal. Sur le trottoir du marché et du Val-de-Grâce. Le bus 21 passant à gauche de la maison et pouvant conduire Léa à la Sorbonne ou ailleurs. Un appartement haussmannien rassurant. Du parquet, des moulures, un plan en étoile. Deux chambres, une petite cuisine. C'est blanc, sans chichis. Laurence a même de la place pour un bureau. Ça va aller. Le temps de vendre l'appartement de banlieue. De se refaire une petite santé financière. Laurence s'en souvient : elle a de l'argent et peut enfin en profiter pour elle. Sans cette possibilité d'avancer six mois de loyer et la compréhension de l'agent immobilier, elle serait encore coincée au bout du RER.

Les cartons sont empilés dans le salon. Laurence n'a pris que le nécessaire. Ses vêtements, des livres, quelques souvenirs. Elle ne veut rien qui puisse garder l'énergie du passé. Elle vient de lire *Kaiser Karl* de Raphaëlle Bacqué. Cet homme qui a passé son temps à s'inventer des vies en faisant perpétuellement le vide. Lagerfeld déclarait : « Je javellise mon passé. » L'expression est violente. Laurence la comprend. Elle a déposé les cartons de Léa dans une pièce qui peut être sa chambre le cas échéant.

Le vis-à-vis lui arrache un sourire. Des platanes, le passage des bus vers Montparnasse ou la gare d'Austerlitz. Une allée pour les voitures. Re-des arbres. Des immeubles, enfin. Quand on est parisien, on a toujours un vis-à-vis de film. Un morceau de toiture d'ardoise. Des cheminées ocre ou rouges selon leur état. Un garde-corps de balcon en fer forgé. Une silhouette de voisin dans sa cuisine. La vie et son intimité troublante.

Elle est bien. Elles vont être bien. Elle va reconstruire un décor, une atmosphère. Ce quatrième étage baigné de lumière est une bénédiction. En avoir conscience est un début. Il ne faut pas gâcher la suite. Et, si le gentil médecin en blouse blanche souhaite passer, il sera le bienvenu, lui aussi. Laurence ne sait pas ce que peut donner cette histoire. Elle a néanmoins une certitude : elle en premier, les hommes et les autres après.

Il est près de 13 heures et elle a faim. La cuisine est petite, fonctionnelle. Elle peut se faire réchauffer un plat, mais il faut célébrer ce moment. Un appartement pas encore en désordre. Des cartons chargés de souvenirs. Une chambre pour sa fille. Une histoire potentielle avec un homme en blanc. Elle descend les étages, ouvre la porte à la volée et grimpe, le cœur un peu moins lourd, vers son déjeuner. Elle a une envie. Une tocade. Mi-août, Laurence veut manger du haddock, avec un œuf mollet et des pommes de terre.

Le Crous est toujours aussi triste. Le Luxembourg, toujours aussi poétique. Et le meilleur haddock – servi à La Closerie des Lilas. Il fait calme et doux. Elle demande une table en terrasse. Débarrassée d'un regard imposant un contrôle permanent, elle prend le temps de regarder autour d'elle. De savourer un verre de blanc. D'envoyer des messages à Léa et à celui à qui elle songe. L'assiette arrive un peu vite à son goût, elle n'a pas eu le temps d'aviser toute la terrasse. À quelques mètres, une jeune femme toute en jambes semble en proie à une grande nervosité. Alternant regards à son téléphone et brèves cigarettes. Une femme qui attend, se dit-elle.

Le poisson est comme dans ses souvenirs : ferme et fumé, savoureux à chaque bouchée. L'œuf éclate, dispersant son liquide jaune dans l'assiette. Elle sourit, pense à Léa et à ses assiettes colorées. Ce drôle de rituel qui lui permet d'aller mieux. La résilience de sa fille est une leçon. La morale en moins. Sacrée gamine. Elle termine son plat, sauce avec un plaisir éhonté et oublié. Paie sans prendre de café. Le bonheur de l'instant lui donne de l'énergie. Le jardin est à deux pas, elle va marcher. Personne ne l'attend, personne ne lui demande de se justifier. Elle a envie de retrouver sa fille. De partager son aventure avec elle. D'échanger autour de la sienne. Aller à sa rencontre ? Léa serait-elle d'accord ? Et elle, est-elle prête ? Elle file sans un regard pour la blonde agitée.

Quand Laurent voit la silhouette de celle qui partageait sa vie à quelques mètres de lui, son premier réflexe est de ralentir le pas. Sait-elle déjà tout ? Le niveau d'angoisse augmente quand il découvre sa table vide et la marque de son rouge à lèvres sur le verre. Elles ont quasiment déjeuné côte à côte. Se sont-elles remarquées ? Le fait de coucher avec le même homme donne-t-il une aura détectable des initiées ?

Elle ne lui en parle pas. Réclame un baiser et le planning de la journée. Exige une date pour son arrivée tout en lui expliquant qu'il faut un peu de temps pour stocker ses meubles. Il sourit et la rassure. Le travail d'emprise peut recommencer. Tout va bien. Ni l'une ni l'autre n'en sauront jamais rien.

Modern World

En entendant l'adresse, Marceau a un mouvement de recul. Aucune malice dans la voix de ce témoin particulier. Cette fille est sérieuse. Et, le 12 bis, c'est chez lui. Elle est venue pour le voir et savoir si lui a attrapé son destin par les deux oreilles pour mieux le dominer. Ça le fait vaciller.

— Allô ? Vous êtes toujours là ?

Le silence en radio est le tue-l'amour de l'auditeur. Réagir vite.

— Oui, Léa, je suis là. Je trouve votre histoire poétique et troublante à la fois. À votre âge, on a envie de voyager plus loin…

— Mon livret A est limité.

La voix de Léa est claire, presque musicale. Une voix juste et bouleversante parce que sincère.

— Et vous avez déjà rencontré d'autres 12 bis ? Racontez-nous.

— Oui, à Mérignac, j'ai rencontré Joseph, un jardinier un peu fou qui a imaginé des bombes à graines…

— Des bombes à graines ?

— Rien de dangereux, juste une manière alternative de planter. C'est super facile, et l'idée de mettre un peu plus de vert et de mauvaises herbes en ville est ravissante, je trouve…

— Et ensuite ?

— Ensuite, je suis allée à Biarritz pour rencontrer Milo. Elle n'a pas voulu me voir. Je crois que je lui ai fait peur.

— Comment ça ?

— Eh bien, ça peut être effrayant, de devoir répondre à la question : êtes-vous heureuse ? C'est un peu l'histoire de ma vie, ceci dit. J'ai tendance à être effrayante et directe.

Marceau rêve. Quel drôle de paradoxe que cette jeune femme. Une voix douce, une expérience de cent ans. Quel visage peut-elle avoir ?

— L'honnêteté, Léa, n'est pas donnée à tout le monde. Certaines personnes passent leur temps à se mentir et passent à côté de leur vie. Je ne suis pas sûr que vous ayez envie de ça.

— Non, je souhaite juste trouver un sens à tout ce que j'entreprends.

— Déjà vous soigner, aller mieux. Ça n'est pas rien.

— Ça n'est pas tout non plus.

Qu'à cinquante ans, on soit exigeant et en quête d'absolu. Soit. Mais à dix-huit ? Ça perturbe Marceau. Il se retrouve dans les mots de cette Léa qu'il ne connaît pas. Lui aussi a enduré cette souffrance de l'honnêteté parfaite. Et les travers qui vont avec. Plus jeune, ça lui a joué des tours. Il n'a jamais su l'exprimer aussi simplement. C'était plus facile de hurler et de se battre. Léa prend un chemin contraire. Elle dit tout, elle dit trop. Ça ne la rend pas moins fragile pour autant. Il en sait quelque chose. Les plaies sur son corps ne sont pas celles qui font le plus mal, encore aujourd'hui.

— Léa, vous êtes jeune, vous avez la vie devant vous pour répondre à ces questions.

— Ça sonne un peu vieux con, cette affirmation.

— C'est un peu cash, comme intervention.

— Je ne vous ai pas menti, je ne sais pas être autrement.

Droite, fine et juste. Ça fait beaucoup, concentré dans le même être.

— Et donc vous êtes dans la région pour rencontrer un nouvel habitant du 12 bis.

— Oui.

— Et ?

— J'ai peur.

— Peur de quoi ?

— De la porte close. De me prendre un mur. De rentrer chez moi avec une sensation de manque, de vide.

Ça n'est pas une déclaration mais une demande. Léa est venue pour lui. À sa rencontre. Ce coup de téléphone est le premier moyen d'échanger avec lui. Tâter le terrain, jauger le comportement, les réactions. Il y a de la préparation, de la manœuvre. C'est dangereux et attirant à la fois.

— Qu'allez-vous faire si vous essuyez un nouveau refus ?

— Rentrer à Paris et chercher d'autres moyens de me retrouver.

— Vous ? Vous renonceriez aussi facilement ? Je ne vous connais pas, mais ça ne vous ressemble pas.

— L'imposture de la fille forte, vous connaissez ?

— Non.

— La fille dont on est persuadé que par son courage elle arrivera à tout. En oubliant souvent qu'elle peut se laisser submerger par ses émotions et abandonner en cours de route.

— C'est vous, cette fille ?

— Un peu, beaucoup, parfois…

Coup d'œil à l'horloge, cela fait vingt minutes qu'ils échangent. Marceau ne se sent pas maître du jeu. Il écoute, il distille, mais il ne guide pas l'entretien. Il voit le technicien s'agiter en régie. Visiblement, le témoignage de Léa ne laisse pas les auditeurs indifférents.

— Léa, je ne sais pas si cela va vous aider dans vos choix, mais sachez que de nombreux auditeurs appellent la radio et ont été touchés par votre initiative.

— C'est gentil à eux. Rassurez-moi, vous n'allez pas les faire voter et décider de mon sort ? Ma vie, ce n'est pas The Voice…

— Non, je vous dis juste que votre histoire parle. Qu'elle est universelle et qu'elle touche.

— Ah…

Me voilà touchante, moi qui souhaite être embrassée. C'est le début. Je n'attire pas la pitié. Ou alors Marceau fait preuve de diplomatie en omettant volontairement de m'en parler.

— Léa, je vous souhaite bon courage dans votre voyage. J'espère sincèrement que vous allez trouver ce qui vous manque. N'hésitez pas à nous rappeler pour nous dire où vous en êtes.

— Merci de votre écoute. Je le ferai.

— Merci à vous pour cette histoire incroyable qui est la vôtre, il me semble évident que vous avez un destin, vous êtes même en train de le créer.

— Ça dépend de moi, et un peu de la réponse que j'attends.

La rencontrer ou pas ? Sortir de son rôle de voix et se montrer ? Marceau sait qu'il y a plusieurs niveaux dans les mots. Ceux de Léa sont profonds et sans mensonge. Elle veut le voir, lui parler, échanger. Échanger et ensuite partir. Elle n'est pas comme les autres. Elle ne s'accrochera pas. Ses aspirations sont plus grandes que ça. Un café avec elle ? Pourquoi pas.

Je raccroche. Étrangement calme. Je sais que je n'ai que quelques mètres à parcourir et je serai devant la radio. Je ne sais pas à quelle heure il termine. J'ai aimé notre échange. Simple, sain, enlevé. Il n'a pas l'air comme les autres. Je sais que de lui je vais apprendre deux, trois choses. Apprendre n'est pas le bon mot. Je vais partager. Je vais reprendre du poil de la bête et peut-être retrouver un sens oublié. Je peux déjà savourer les goûts sucré et acide. Quelle saveur peut-il être ? Le salé ou l'acide ? Ou bien l'umami ? Ce cinquième goût méconnu, détecté par la langue. Pas d'emballement, Léa. Toi-même, tu n'es pas sûre d'être prête à rentrer. Ménage tes efforts. Les derniers mètres sont les plus longs. Je traîne volontairement des pieds, je dessine des arabesques dans le sable. Rester sur cette conversation, c'est bien aussi. Pousser ou pas la porte. Un vigile m'aperçoit et me délivre.

— Bonsoir, je voudrais voir Marceau.

— Il est en plein dans son émission.

— Je sais, je viens d'y passer.

— Vous êtes Léa ?

— Euh… oui…

Silence.

— Je vous ai écoutée.

— …

— C'est pas souvent qu'on a quelqu'un comme vous à l'antenne.

— C'est quoi, quelqu'un comme moi ?

— Ben, qui n'a pas peur, quelqu'un qui ose. Vous avez raison, vous savez.

— Merci. Je ne sais pas si j'ai raison, mais je n'ai que ça… Alors.

— Je vais vous confier un truc. Moi, j'adore dessiner, je n'ai jamais osé montrer ce que je fais, même à ma femme ; et ça fait pourtant trente ans qu'on est mariés !

— Mais pourquoi ?

— La peur du jugement ! Je m'enferme plusieurs fois par semaine dans mon atelier. Et je dessine, tout, rien, tout ce qui me vient. Quand je fais ça, je me sens…

— Vivant ?

— Oui, vivant. C'est pour ça, mademoiselle, allez au bout de votre histoire. Pour Marceau, je vais le prévenir, il n'aime pas trop rencontrer les gens en vrai. Installez-vous à l'accueil.

Je m'affale sur un canapé qui a connu des jours meilleurs. L'attente recommence, les journaux sont de l'année dernière et mon portable a moins de 20 % de batterie. Tout pour passer un bon moment, surtout s'il ne vient pas…

La régie lui fait signe. Marceau replace son casque.

— Il y a quelqu'un pour toi dans le hall.

— Non, les gars. Je l'ai déjà dit, je ne veux voir personne après l'émission.

— Sois pas désagréable. C'est ton auditrice de ce soir, Léa. On a cartonné grâce à son intervention, tu peux au moins aller la remercier.

Elle est donc venue. Ça lui arrache un sourire inquiet. Cette fille n'a rien d'ordinaire. En avoir conscience est déjà un problème. Il ne faut pas que ça recommence. Se laisser tenter par l'aventure impossible. Vouloir sauver l'autre à tout prix. Il a déjà donné. La saluer, la remercier et partir. Proposer un café demain en début d'après-midi, éventuellement. Ça va aller, ça va être simple. En plus, il est crevé. Pas vraiment envie de faire durer la conversation après ces heures d'antenne. Marceau attrape son blouson, salue l'équipe, sort du studio. Et il la voit. Cette branche de saule au regard magnétique. Rectification. Ça va être compliqué.

It's You

Le jardin s'étire sous le soleil. Agapanthes et clématites sont en plein repos. Les poules, cachées sous le bosquet de tomates, attendent un air plus frais. Un verre de sirop de menthe à la main, Joseph achève une centième bombe de graines.

Depuis que Léa a mis en ligne des photos du produit et des images du jardin, ainsi que le lien vers un site marchand, les commandes s'accumulent. Quand a-t-elle eu le temps de faire ça ? Une nuit de pleine lune, peut-être, de celles où le sommeil est plus léger. Toujours est-il que cela fonctionne. Et Joseph est le premier étonné. Il a, en urgence, pensé à un conditionnement qui protège les graines et conserve l'humidité. Et, pour la première fois de sa vie, il a pris un rendez-vous officiel avec son banquier. Drôle de Léa, il aurait aimé voir sa tête le jour où il a enfilé une chemise, quitté son jean taché pour un autre tout aussi vintage, et annoncé que sa petite entreprise était lancée.

Joseph sait, il se doit sa réussite. Mais il reconnaît à Léa ce regard pas comme les autres. Elle a été son tuteur, lui, la tige de lierre. Quelle satisfaction d'avoir pour une fois laissé faire le hasard. D'avoir accepté d'être bouleversé par l'inconnu. Elle n'avait pas un profil de psychopathe, de toute façon. Et puis, fragile comme elle est, il l'aurait maîtrisée rapidement, si les choses avaient mal tourné. Léa est à Tarbes, elle lui envoie des photos de verdure citadine, des bosquets du jardin Massey.

Joseph connaît ce nom. Un souvenir de lecture d'un ouvrage remarquable sur les jardins français. Placide Massey, botaniste, directeur des pépinières du Trianon et du potager de la Reine à Versailles. Le potager de la Reine, voilà un endroit qu'il aspire à voir. S'il le pouvait, il s'y ferait enfermer pour l'écouter vivre et respirer. Sûr que ça plairait aux poules.

Léa, donc, avec qui il lie une conversation sur un rythme vif. Ils aiment se parler par images interposées. Ça préserve la sensibilité de Joseph par rapport à l'emploi des mots. Il estime les maîtriser trop mal. Alors à un style allégorique il préfère une photo. Et ça marche. Tous les jours, il se dit qu'on peut avoir un destin au 12 bis, avenue du Maréchal-Joffre, même si on a perdu la guerre, ou mal commencé sa vie.

Depuis qu'il en a conscience, il s'ouvre, se déploie, se déplie et se défroisse. Il s'offre une version de lui en mieux. Un souvenir le chagrine, pourtant. Il garde en mémoire le parfum marin de l'inconnue croisée à la gare de Bordeaux. Des fragrances, des senteurs, il en connaît un certain nombre. Il les identifie aisément. Il sait que les odeurs changent au cours d'une même journée. Que le soleil, l'humidité sont des accélérateurs de diffusion. La peau de cette inconnue est comme une graine qu'il ne connaît pas. Et ça le travaille, ça le taraude. Parfois, cette odeur le visite en rêve. De temps en temps, il prend sa voiture et s'en va errer à la gare Saint-Jean en se disant que, si le hasard doit la remettre sur sa route, ce sera forcément dans un lieu de mouvement. Il y va à différents horaires. Il pense souvent à elle à l'heure du déjeuner. Il lui proposerait bien un pique-nique les fesses dans l'herbe et la tête dans un coussin de menthe. Son inconnue lui tourne autour. Confiant d'une joie nouvelle, il croit au hasard de leurs retrouvailles. Voilà, c'est dit, emballé, pesé. Il recroisera cette fille-sirène.

En attendant, il a imaginé une composition marine à base de graines de lin et centaurée. Et, pour une touche de liant, des ipomées. Ce liseron bleu volubile qui grimpe partout sur les murs. Une fleur d'une fragilité robuste. Il en a parlé à Léa, qui s'est chargée de mettre cette nouvelle composition en ligne.

Une gorgée d'eau, il faut avancer. Prendre une douche, aussi. Consulter ses mails, éventuellement. Le travail dans le jardin est sans fin. Le travail administratif également. Et que dire des messages de remerciements ? Quand toute sa vie on a été considéré comme rien, ça bouleverse et ça fait peur. Pour le moment, Joseph tient. Une serviette autour de la taille, il enregistre les demandes. Une dizaine de bombes colorées pour une maison de retraite. Là, une entreprise qui lui demande un prototype de bombes potager « avec des graines de tomates anciennes ». Des conseils et des envies par centaines. Il ne veut pas décevoir, il ne veut pas trahir. Alors il répond, il réfléchit, il cherche. Il demande de l'aide à Léa. Il ressort ses livres. Et surtout il se fie à ses tripes. C'est fastidieux et nouveau. Mais c'est ça, avoir un destin.

Et puis, d'un coup, plus rien. C'est là, comme une évidence. Un message bien caché sous la pile de tous les autres. Un courant d'air de données. Un truc pour choper un rhume de cœur. Joseph est le premier étonné, au point de lire à voix haute.

Bonjour. J'ai découvert vos plantes dans ma boîte aux lettres. Cadeau d'une drôle de personne qui voulait savoir si on peut avoir un destin même en ayant mal commencé dans la vie. J'ai refusé de la voir. Et à mon retour j'avais ce cadeau. En cherchant des informations, j'ai vu que, vous aussi, vous habitiez 12 bis, avenue du Maréchal-Joffre. Je sais que ça n'est pas un hasard. Léa a dû passer chez vous avant de venir chez moi. Je n'ai pas su gérer. Je vous parle de ça comme si je vous connaissais. Absurde, non ? Il faut croire que partager la même adresse peut avoir une signification. Léa semblait en être persuadée. Voilà pour ce message flou sans loup. Au fait, je m'appelle Milo et, grâce à vous, je n'ai plus de boîte aux lettres. Jugez-en par vous-même.

Milo, le 12 bis de Biarritz. L'étape d'après. La rencontre loupée. Quoique. Même quand elle échoue, Léa réussit quand même son coup. Bien souvent, tout n'est qu'une question de temps et d'alignement des planètes. Personne ne souhaite renoncer à sa vie si facilement. Personne n'a envie de tout changer du jour au lendemain. Et surtout personne n'est prêt à se faire interroger sur sa vie et sa vision de la réussite par une brindille maladive férocement courageuse. Trop d'enjeu. Trop de pression.

Joseph ouvre la pièce jointe. De la boîte déborde une kyrielle de petites bêtes et de tiges vertes qui cherchent la lumière. On a connu mieux, comme cadeau de bienvenue.

Répondre n'engage à rien, et puis, parler de Léa, c'est évoquer l'amitié bienveillante. Faire simple avec des mots simples.

Bonjour à vous. Oui, je suis l'étape d'avant. Joseph.

Léa est restée avec moi quelque temps. C'est une fille étrange. Mais elle m'a aidé. La bombe végétale dans votre boîte aux lettres, c'est moi. Et, si vous m'avez trouvé sur Internet et que l'on en parle aujourd'hui, c'est grâce à elle. Elle regarde les gens et le monde à sa manière. C'est une fille bien. Elle est à Tarbes en ce moment. Elle continue de chercher...

Pour les plantes, mettez-les dans la terre directement ou dans un pot. Elles vont finir par s'épuiser, sinon.

Milo a un prénom d'héroïne. Joseph a envie d'aimer. Léa n'a rien à envier à Ariane.

Noon Rendez-vous

Je ne porte que sa chemise blanche. De ses épaules aux miennes. Portée, déboutonnée, ôtée, à terre… Comme une évidence. Il dort encore, je me faufile dans l'appartement. Faire chauffer de l'eau, trouver de quoi faire un thé. Ce rituel du matin que j'apprécie de répéter. La cuisine est suréquipée pour un homme comme Marceau. Qu'importe. J'aime la crédence en miroir qui me renvoie un reflet de fille pas coiffée. Les pieds sur le sol glacé, les cheveux en bordel. Sa chemise sur moi. Son odeur sur moi, la sensation de ses mains et une marque de sa bouche sur mon avant-bras.

La tasse à la main, je me faufile sous la couette. J'écoute. J'observe. Marceau couché à côté de moi, inerte. J'imagine une seconde la tête de ma mère si je la mettais dans la confidence de cette drôle de rencontre. J'en souris, mais je sais qu'elle aussi, en ce moment, contourne les obstacles et trace en levant un à un les interdits. Marceau et moi… Ça s'est fait comme une respiration par le ventre. Naturellement. Le premier café en a entraîné un second. Une parole a déclenché un sourire. Aucune mièvrerie à l'horizon. Zéro envie de compenser l'absence d'un père étrange. Rien. Ou plutôt si, l'envie de jouir dans les bras d'un homme. C'est simple. Le provoquer, faire, formuler, savourer. Tout ça avec une tasse d'eau chaude à la main. Je ne dirai jamais non à une dose de romantisme. J'aspire à une belle histoire. Là, c'est juste une question d'envie et de peau. Je ne savais pas qu'un parfum pouvait faire perdre la tête. Je ne savais pas qu'on pouvait me désirer en dehors d'un cadre hospitalier. J'ignorais que je pouvais jouir plus d'une fois. J'apprends pour moi. J'apprends sur moi.

Marceau dort. Il est 10 heures. Dans ce monde calfeutré, on est sur un autre fuseau horaire, celui des noctambules se couchant aux premières lumières du soleil. Les deux premiers jours, ça ne m'a pas dérangée. Les deux suivants, c'était déjà moins drôle ; j'avais peur de respirer, de bouger, de le réveiller.

Rapidement, j'ai compris qu'avec Marceau j'allais découvrir une histoire nocturne dans un univers parallèle. Une relation basée sur le plaisir et l'ennui. Pendant qu'il récupère, je profite des belles heures du jour, mais toujours avec le soleil en face. J'apprends le rien et je le laisse envahir mes journées. Vers 18 heures, je passe chez Marceau. Une étreinte, faire l'amour, prendre une douche. Coucher avec lui me donne faim. De cette attente qui saisit mon estomac et m'intime l'ordre de le nourrir. Nous dînons au lit. Il part. Commence la plongée dans l'attente. Non pas l'attente, commence la plongée dans un temps suspendu, celui où je peux regarder un film, écrire à ma mère, parler à Joseph. Tout ça en étant couchée dans le lit d'un homme de cinquante ans. C'est mon temps de tout, rien et n'importe quoi. J'ai l'impression d'être sur une île et de dérouler toutes mes envies sans limites ni contraintes. Dans ce lit *king size*, je peux tout, j'ose tout. Donner et reprendre. Dire non. Dire oui. Ce lit me libère de mes angoisses. Merci, Marceau.

Quand il rentre, vers 2 heures du matin, il ne se sert plus de whisky, il se colle contre moi. J'aurais pu trouver la scène dérangeante, sauf que c'est moi qui le prends dans mes bras. Je dis ce que je veux et ce que je ne veux pas. Je n'éprouve ni dégoût ni rejet. Je sais déjà que, dans quelques jours, je partirai. Parce que j'aurai comblé mes besoins et ses envies.

Notre histoire est sans avenir. Nous le savons tous les deux, c'est peut-être pour ça que ça rend les choses si faciles. C'est peut-être pour ça que c'est bouleversant. On se parle assez peu. On s'éprouve. Je le trouve naïvement beau. Il me rend jolie. Marceau est mon miroir bienveillant. On s'étonne de la situation. Moi, de manger et de vivre. Lui, de coucher avec une jeune femme de dix-huit ans. J'ai dû le rassurer à plusieurs reprises sur le sujet. J'ai comme l'impression que ça n'est pas la première fois. De Joseph, j'ai appris l'espoir. De Milo, que le beau peut sortir de derrière la colère. Je me repais de Marceau. Ces excès ont fait réapparaître un goût. Celui de l'acide. J'ai parfois l'impression que mon corps en veut trop. Que c'est tellement bon que cela en devient écœurant. Je pensais découvrir ça dans mon assiette. Je le découvre par le cœur. Comme quoi mon corps est bien étonnant.

Il se retourne et me regarde :

— J'ai une perturbante envie de toi…

— Pourquoi perturbante ?

— Déraisonnée, disons.

— Et alors ?

— Alors rien.

Il se rendort. Ses fulgurances entre deux réveils m'étonnent. J'aime sa voix plus que son corps. Je comprends ces auditrices qui le rêvent et le fantasment. Marceau est un mensonge sonore. Ses cordes vocales, une illusion. S'il passe dans la lumière, il disparaît et le charme s'estompe. C'est pour cela qu'il vit à contretemps des modes et des heures. L'obscurité le protège. Vivre caché et heureux. Pourrait-il en être autrement ? Que c'est long, ces temps de rien. Ce sommeil en pointillés. J'ai envie de paroles, de tendresse. De distiller de nouvelles émotions. J'ai déjà regardé mon prochain trajet vers La Colle-sur-Loup. Sept cents kilomètres via l'A8. Pas de bus, pas de train. Rien. L'option covoiturage semble la plus évidente. Tarbes-Toulouse. Puis Toulouse-Montpellier. Montpellier-Marseille. Marseille-La-Colle-sur-Loup. Des sauts de puce de deux à trois cents kilomètres. Le plus difficile étant que tout s'enchaîne.

L'idée d'être astucieuse m'épuise. Ce dernier voyage est peut-être celui de trop ? Je veux dire : je mange, je plais, j'ai des orgasmes, qu'ai-je besoin de me prouver que je peux aller à l'étape d'après ? Il ne me reste que le goût salé à retrouver. Et puis les derniers messages de maman sonnent comme une envie de retrouvailles. Ces heures loin de moi lui ont fait du bien. Et moi ?

Il manque un truc, l'élément pour faire que ça reparte entre nous comme avant. Qu'on s'aime à la folie sans se vouloir du mal. Et, cet ingrédient manquant, je sais qu'il se trouve à La Colle-sur-Loup. Idiot, insensé, mais c'est ainsi. Mon intuition m'intime cette folie. Je l'écoute.

Reste à trouver un moyen de bouger... Marceau s'éveille encore.

— Encore une journée ?

C'est la question rituelle entre nous. Je sais que bientôt il ne la posera plus. J'en profite tant que je peux. Encore cinq minutes pour me ressourcer. Encore cinq minutes pour trouver une solution. Il y a chez lui une élégance désuète. Il y a chez moi une grande sensibilité. C'est pour ça que ça marche. On s'accepte avec nos tares et nos erreurs. On se reconstruit mutuellement. Il n'y a pas d'amour. Juste un énorme besoin d'être touché, regardé, caressé. On s'apporte ça, on se rend ça. Lui avec sa fougue, moi avec mes gestes malhabiles. Ça compense. Ça apporte de l'équilibre. Ça ne résout pas mon problème de trajet...

Il me reste l'option avion. Un Tarbes-Toulouse en TER (ma passion) et un vol Toulouse-Marseille. C'est le plus raisonnable, mais un détail me chagrine. Je me suis attachée au plancher des vaches, aux correspondances, à l'odeur des fauteuils, aux rames neuves des trains floquées des couleurs de la région, aux ronrons du train. Je suis un cliché. Le mois d'août est là, je ne peux pas m'attarder davantage.

Je me lève et fais mon sac. Aspirations contradictoires. Rester ou filer. Je suis encore une jeune femme bien élevée, je ne partirai pas sans rien dire. Marceau le sait, le sent et s'éveille.

— Tu vas quelque part ?

— Oui, non. Je fais mon sac.

— Rien ne t'oblige à partir tout de suite.

— Rien ne m'oblige à rester plus longtemps.

— C'est juste.

— C'est dur.

— Tu t'attaches ?

— Et toi ?

— Une question entraîne une question ?

— Oui.

Hochement de tête et sourires.

— Tu vas où, déjà ?

— La Colle-sur-Loup.

— Drôle de nom.

— C'est poétique.

— Et si je t'emmenais ?

— Pourquoi ferais-tu ça ?

— Parce que j'ai des congés à prendre.

— Marceau, pourquoi ferais-tu ça ?

— Pour être encore un peu avec toi. Laisse-moi juste quelques jours pour me trouver un remplaçant.

— Je croyais que tu ne laissais les manettes à personne.

— C'était avant toi.

— Avant moi quoi ?

— Rien.

— Quoi, rien ?
— Pas grand-chose à raconter. Des erreurs à oublier.
— Des expériences ?
— Mauvaises.
— Ah… Et maintenant ?
— Je vais mieux, et toi ?
— Je revis.

Simple et évident. J'arrête de m'en faire et de m'inquiéter. Je peux lui accorder soixante-douze heures. Je peux encore prendre un peu le soleil. Il ne m'arrivera rien de grave. Je profite de sa douche pour informer maman et Joseph de ma nouvelle destination. C'est en pianotant son prénom que je découvre son dernier message.

Bonjour, tournesol. Je viens de recevoir un message de Milo, qui a découvert mes graines en rentrant chez elle. Elle est prête à te parler. Décidément, tu ne sais être que bouleversante !

Je trouve de larges progrès dans l'écriture de Joseph. C'est louche, il me cache un truc. Je lui adresse une missive chargée à la fois d'ironie et de tendresse. Milo veut me parler, la belle affaire. Je vais la laisser venir. Que Joseph fasse le lien, tiens. J'envisage d'envoyer un message à mon père quand deux mains m'enlacent. Les mauvaises nouvelles attendront.

Hello

Léa,

Je ne suis pas douée avec l'écriture, pas plus que pour les rencontres impromptues. Je passe ma vie à me protéger de tout ce qui me dérange : le bruit et les autres. Je n'ouvre ma porte qu'à regret et assez peu souvent. Si je n'ai aucun mal à bouger, voyager, c'est une tout autre histoire pour laisser les autres intégrer mon univers.

Je ne sais pas m'excuser non plus. Ta visite correspond à tout ce qui me hérisse. Qu'on m'impose une rencontre, qu'on exige de moi que je réponde à des questions. C'est non.

Pourtant, je ne cesse de relire le courrier de ta mère. Pas de voyeurisme. Je me dis juste que c'est à la fois fou et audacieux, d'oser ça. Adresser une lettre à quelqu'un que tu ne connais pas. Essayer de joindre ton enfant parti dans un hypothétique road-trip. Ça m'agace et me touche. Ça m'agace d'être touchée.

J'essaie de comprendre.

Comment une fille comme toi a-t-elle pu avoir cette idée saugrenue d'aller visiter d'autres personnes vivant à la même adresse qu'elle ? Tu as dû beaucoup t'ennuyer pour envisager un tel plan. Ou alors tu as naturellement beaucoup d'imagination ?

J'admire ça. Je suis née pour ne rien faire. J'ai une passion pour l'ennui.

Je suis intriguée, comment nous as-tu choisis ? Pourquoi moi ? Pourquoi Joseph et les autres, dont j'ignore le prénom ? Pourquoi nos villes plutôt que d'autres ? Combien de soirées à nous étudier ? À refaire tes chemins, trouver l'itinéraire le plus juste. Alors ? Pourquoi moi ?

J'échange avec Joseph et je comprends ce choix. Sa passion de la terre et ta quête de sens. Vous étiez faits pour vous entendre. Mais moi ? Je suis ton antithèse ! J'aime mon corps quand le tien est un lieu de combat. Je m'isole avec plaisir quand tu vas à la rencontre du monde. J'exècre la nouveauté quand tu as le goût du risque. Pourquoi moi ?

J'ignore si tu recevras cette missive, si tu la liras. Après tout, je n'ai rien fait pour t'être agréable. C'est peut-être ma leçon de vie. Celle qui me résume le mieux. Blesse avant d'être blessée. Protège-toi avant d'être touchée. On est loin de tes principes de bienveillance. Je n'ai que ça à te donner. À te transmettre. C'est ce que j'apprends tous les jours. Ce que je ressens. J'ai été comme toi. Prête à aimer, à vivre pleinement, à avoir envie des autres.

J'ai été blessée, une fois, puis trop. Je n'ai pas envie de cela. C'est pour ça que je suis partie.

As-tu des nouvelles de ta mère ? Sache cela, les gens ne changent pas. Jamais. Ça demande trop d'efforts et d'abnégation. Elle, si. Elle t'aime. Ça se lit, ça se sent, des voyelles aux consonnes. C'est une chance. Saisis-la. C'est tellement plus facile de se taire. C'est tellement plus facile de faire comme si tu n'avais pas d'enfant. Retrouve-la, parle-lui. C'est bien plus important que de savoir comment se passe la vie au 12 bis, avenue du Maréchal-Joffre. Moi non plus, je n'aime pas cette adresse. Mais je l'apprivoise. Je m'y sens chez moi. Comme Joseph avec son jardin. D'ailleurs, merci pour les fleurs dans la boîte aux lettres…

Remarque, peut-être que j'aurais fait pire si nous nous étions croisées.

Avoir un destin, c'est être capable d'emporter son univers avec soi. C'est créer l'espace qui te fait du bien où que tu sois. Ça n'a rien à voir avec un numéro et une rue. Une adresse, ça ne structure pas l'imaginaire. Sinon, je vivrais ailleurs ! Dans une rue Gabrielle-Chanel ou sur une place Simone-Veil ! Toi, la pro d'Internet pour identifier les gens, t'es-tu déjà interrogée sur le pourcentage de rues portant un nom de femme ? Je vais t'aider à gagner du temps : 6 %. On représente la moitié de la population et on refuse nos noms sur une plaque.

Tiens, si tu veux creuser ton histoire de destin, tu devrais faire un tour à La-Ville-aux-Dames, à côté de

Tours. J'ignore s'ils ont une avenue du Maréchal-Joffre, mais sache que 75 % des voies ont un nom de femme. Soit 84 voies sur 112. Je sais, j'ai failli y acheter une maison. C'était à la fois loin et près de Paris. Mais sans la mer. Et j'en ai trop besoin, à défaut d'en avoir une.

Voilà, je ne sais pas si tu vas me lire. Je ne sais pas ce que tu penses de tout ça. Quant à ce que tu penses de moi, je préfère l'ignorer. Va ton chemin, c'est ce que tu fais de mieux. Et, en ça, je crois qu'on se ressemble. Moi aussi, à ma manière, j'adore faire tourner le monde comme je l'entends. Quitte à rendre les autres dingues. Quitte à ne pas être comprise.

Faut-il que j'attende le dernier paragraphe pour te dire qu'on se ressemble un peu ?

Prends soin de toi.

Milo

On the Road Again

Je n'ai pas eu à attendre longtemps. Trois jours après notre discussion, nous étions sur la route. J'apprécie ça chez les gens. Je m'attache à ceux qui disent et font. Ceux qui parlent et gesticulent me donnent la nausée.

Sur la route, au petit jour, je somnole les yeux ouverts. Tarbes ne va pas me manquer. J'en emporte le meilleur avec moi. Au moins pour sept cents kilomètres. Marceau m'annonce qu'on arrivera en fin de journée. Ça me semble abstrait. Arriver, et ensuite ? Se quitter comme ça ? Il ne dit rien, le visage fixé sur la route. Prudent déjà des regards que nous pourrions croiser. Je n'ai jamais aimé les voyages en voiture. Quand j'étais petite, la nausée l'emportait sur le reste. Plus grande, c'était l'ambulance qui me conduisait sur un parcours connu par cœur. Le train garde ma préférence. Sauf que mon itinéraire n'existe pas. Cette alternative me permet de prolonger de quelques heures une parenthèse en tandem. Ce voyage, je l'ai aussi conçu pour ça. Pour être au clair avec ma solitude. L'assumer et être en paix avec elle.

— Ça va ?
— Je pense.
— À quoi ?
— À rien…
— Tu ne sais pas mentir.
— Bien vu.
— Alors ?
— Je pense à la fin de ce voyage.
— Je vais te manquer ?
— On s'habitue à tout, tu sais.
— Léa…
— Oui ?
— Sais-tu comment tu vas contacter ton 12 bis ?
— Elle a un prénom. Garance. Elle est écrivain public.
— Tu t'es renseignée ?
— Je l'ai fait avec vous tous, mais elle seule était visible.
— Tu sais, moi, Internet…
— Je sais.
— Alors, tu as réfléchi ?
— Non, je vais croire en ma chance.

Quel drôle de couple que le nôtre. Le qualifier de couple est déjà un non-sens. Je lui trouve un côté hors norme, c'est sans doute pour cela qu'il me plaît. J'avoue, c'était bien, avec Marceau. Des mots au corps, je ne renie rien. J'ai maintenant besoin de comprendre le pourquoi de cette histoire, si c'en est bien une. J'ai tout le voyage pour y penser. Pour analyser la bascule des émotions. Mon expérience amoureuse est trop mince pour que j'y voie clair. Si j'analyse les palpitations de mon cœur, elles se résument à des étreintes. Et à une éclosion véritable dans les bras d'un amoureux de deux fois et demie mon âge. Maigre bilan.

Devant moi s'étend l'A8. « C'est quand qu'on arrive ? » ai-je envie de murmurer. Un panneau indiquant Toulouse m'informe que nous avançons plus vite que je ne le croyais. Autoroute FM annonce un trafic fluide, et Marceau et moi, on se regarde. Est-il aussi incertain que moi ?

— C'est étrange, pas vrai ?

— Oui. Ça t'est déjà arrivé ?

— Quoi ?

— De coucher avec une fille qui a la moitié de ton âge.

— Oui.

— Ah.

— Une histoire compliquée.

— Elles le sont toutes.

— Non, Léa, vraiment compliquée.

— Je n'ai pas envie de savoir.

— Tu sais, j'ai encore du mal à m'expliquer tout ça.

— Tout ça quoi ?

— Toi, moi, nos nuits.

— Tu regrettes ?

— Ai-je dit cela ? Je dis juste que c'est étrange.

— À partir du moment où tu fais entrer le jugement des autres dans l'équation, oui, c'est étrange. Sinon, tout va bien.

— J'ai l'impression d'être Yann Moix !

— Yann qui ?

— On a fait une connerie, tu crois ?

Je fais la fière, j'ai le cœur qui tire un peu. Je suis gourmande de Marceau et de nos nuits. Je joue les cyniques, je ne suis pas à l'abri d'écraser une larme à demi. C'était si bon que j'en parle déjà au passé. Marceau est un goût double. Un Malabar. L'acide, pour les tourments qui se succèdent sous mon crâne. L'umami, pour les caresses.

— Comment peut-on être pragmatique à ce point à ton âge ?

— Essaie de ne pas mourir deux fois…

— Pardon, j'oublie.

— Moi pas, et tu sais quoi, c'est très bien ainsi.

— Pourquoi ?

— Parce que sans ça je ne serais pas dans cette voiture. Sans ça, je n'aurais pas passé toutes ces nuits avec toi. Je n'aurais pas imaginé une seconde être une personne désirable. C'est toi qui m'as montré, qui m'as regardée. On s'est peut-être trouvés pour ça.

— Pourquoi ?

— Parce qu'on sait se voir.

— Tu es bouleversante.

— Il paraît.

On se regarde un instant, on rit. Je vais garder ça longtemps au chaud sous ma poitrine. Le regard de Marceau, nos mots. En croisant sa route, je n'attendais rien. À part peut-être rentrer chez moi plus tôt. En partageant nos manques, on a réussi à se trouver. Le vide rapproche, c'est bien connu. Moi, vide de regards, de mots doux. Lui, vide de tendresse. C'est joli parce que sincère. Parce que, quand je pose ma tête dans son cou, je le fais en tant que fille en vie. Quand ses mains embrassent mes lèvres, il n'y a ni perversion ni ambiguïté. Il est aussi surpris que moi. Le paysage défile avec mes souvenirs. Cet homme a ravivé ma faim. Mon envie de moi avant tout. Mon désir de lui après. Je compose toujours des assiettes de couleurs, mais sans réfléchir. Je n'ai toujours pas craqué pour un millefeuille. L'étape qui suit, j'imagine. Une amie serait bien utile pour échanger sur ces questions existentielles. Je suis partie pour ça aussi. Gérer mes mots et en apprendre plus sur moi-même. Je n'ai pas envie d'être distraite ou influencée par un autre point de vue. Même aimable. C'est une histoire entre moi et moi-même. Alors j'assume les silences. Longtemps je me suis interrogée en croisant un regard masculin dans la rue ; embrassait-il bien ? Étais-je en mesure de lui plaire ? Maintenant, je sais. J'ai longtemps été fâchée avec mon corps. On s'est bien fait la guerre. Aujourd'hui, j'ai l'impression d'être complète. Léa qui pense, Léa qui mange, Léa qui jouit. Tout cela réuni en une seule et même personne. C'est pour ça que j'ai croisé Marceau. Pour recoller les morceaux.

— Marceau, tu crois qu'on peut mourir de trop pleurer ?

— Non, au pire, tu dessèches ton cœur et le reste…

— C'est quoi, le reste ?

— Tes rêves.

— Pas mon genre.

— De pleurer ?

— D'oublier mes rêves.

— Je vois ça, tu ne serais pas là, sinon.

— Je vais te manquer ?

— Peut-être.

— On progresse.

— On vient de vivre une parenthèse. On peut en mettre, des choses, entre ces deux ouvertures.

— Quoi ?

— Les souvenirs.

Des souvenirs, j'en ai pour les heures à venir. Je vais les tricoter, me les repasser en super-8 et faire durer le plaisir encore. J'effleure sa main, il saisit franchement la mienne.

— Merci, Léa.

— Merci de quoi ?

— De ne pas m'avoir trouvé monstrueux.

— Tu es parfaitement imparfait.

— Tu aurais pu croire que…

— Quoi, que tu étais un pervers, que tu allais profiter de moi ? Encore une fois, Marceau, ça ne risquait pas d'arriver. Tu sais, j'ai toujours plus été dans ma tête que dans mon corps. Je tourne autour de l'expression corps et âme depuis tant d'années. C'est peut-être le pourquoi de notre rencontre. Innocent sur le fond, savoureux sur la forme.

— Et dit avec tant de légèreté.

— Toi, moi, c'est de l'opportunisme amoureux. Tu en avais envie, moi aussi. L'analyse est simple, dans le fond.

— Certes, mais c'est plutôt inattendu.

— Manquerait plus qu'on s'ennuie.

— Tu en parles avec un tel détachement et une telle maturité.

— Pour mon jeune âge ?

— Oui.
— Je lis beaucoup.
— C'était une expérience, alors ?
— C'était bien, surtout.
— On recommence ?
— Je ne suis pas très banquette arrière.
— Fais attention, tu frôles la vulgarité.
— C'est un reproche ?
— Un fait.

J'ai envie qu'on arrive. J'ai envie que Marceau reste un doux souvenir. Je n'ai pas envie que la gêne s'installe entre nous. On a coexisté quelques jours dans un espace défini. Circonscrit à Tarbes, au 12 bis, troisième étage, rideaux fermés. Je ne veux pas de place pour la gêne ou la honte. J'assume tout. Je n'irais pas jusqu'à le revendiquer. Je ne tire aucune fierté de la situation, à part celle de m'être apprivoisée. En danger, mon égoïsme reprend le dessus. Je n'ai pas envie de le détester. Mais je n'irai pas me justifier.

Je pense à Garance, à mon ultime étape. J'appréhende autant qu'à mon arrivée à Tarbes. Il me reste de quoi me prendre un hôtel pour quelques jours. Un peu d'observation et beaucoup de sincérité. Ça va aller, ça ira. Je l'ai déjà fait. Mon bilan des autres 12 bis est plutôt positif. Pas de raison que Garance y fasse exception.

Trois heures que nous roulons. Montpellier droit devant.

— On va s'arrêter pour déjeuner.
— OK.
— Léa.

— Oui ?
— Je suis désolé.
— De quoi ?
— D'avoir cru que ça durerait le temps du voyage.
— Je suis désolée si j'ai sous-entendu ça.
— Tu n'as rien sous-entendu, j'ai imaginé.
— La parenthèse est fermée, tu sais.
— Tu me donneras des nouvelles ?
— Toi aussi ?

J'ai le ventre qui gargouille. Mais pas pour les bonnes raisons. Il reste trois heures de voyage. Dormir me semble une fuite acceptable. Ce sera toujours plus facile de faire ça que d'avouer qu'au fond Marceau m'a bouleversée plus que je ne veux bien l'admettre.

Pause

Sa chambre est prête. Certes, elle n'a plus accès au toit comme avant, mais il sait qu'elle aimera ce nouveau cadre. Une pièce claire, toute en hauteur sous plafond avec vue sur les arbres. Il n'a pas négocié avec l'autre. La proposition est venue spontanément de lui accorder cet espace avec salle de bains privative. Laurent contemple sa réalisation. Il est fier. Une bibliothèque en bois clair décore tout un pan de mur. Il a récupéré certains livres, ceux que Laurence n'a pas jugé bon de prendre. Il a tout installé comme avant. Elle s'est chargée d'acheter un nouveau lit, un bureau et une coiffeuse. Trop heureuse de devenir belle-mère, elle ne compte pas à la dépense. Elle veut que Léa se sente bien, elle qui a été si longtemps maltraitée par sa mère. Elle sait qu'un jour un autre enfant viendra. Laurent le lui a promis. En attendant, elle souhaite faire ses preuves et multiplie les attentions pour la jeune fille qu'elle ne connaît pas encore. Elle imagine déjà cette famille à composer. Laurent à ses côtés reprenant une aventure professionnelle, et elle, épanouie, un jour enceinte. En un mot : heureuse.

Il regarde son téléphone. Pas de nouvelles, bonnes nouvelles. Léa va son chemin. Il sait qu'elle va rentrer. C'est une fille raisonnable qui ne prendrait pas le risque de rater une année universitaire. Quelle surprise elle va avoir en découvrant qu'elle est à deux pas de la Sorbonne ! Cette férue de lettres et d'histoire va y être comme un poisson dans l'eau. Et lui va pouvoir se reconstruire. De l'amour à foison, une femme plus jeune à ses côtés. Des moyens, même si pour le moment il n'y a qu'un accès limité. Il va régner sur son petit univers. Il sait si bien le faire. Diriger les autres, décider, manœuvrer. D'ailleurs, sa nouvelle amante va l'y aider. C'est bien comme cela qu'il a procédé avec Laurence : d'abord, une entrée remarquée dans sa vie, puis son isolement progressif de toute amitié, un dispositif d'exclusivité, de fusion, et enfin un enfant. C'est sa méthode et il n'entend pas en changer puisqu'elle a fait ses preuves. Son charme complète l'ensemble. Il la déconstruit un peu plus chaque jour. Bientôt, elle ne pensera plus par elle-même. Elle voit déjà moins ses amis, préférant une soirée romantique et amoureuse à ses côtés. Elle a aménagé de la place dans l'appartement pour qu'il s'y installe, lui a attribué une pièce qu'elle a vidée pour y installer un bureau. Un original du Corbusier, le LC16. Elle connaît son intérêt pour cet architecte. Elle voit grand et loin pour son homme. Il s'alimente de ses émotions. Bientôt, il va exiger d'elle de l'accompagner à ses dîners professionnels au prétexte de prendre des contacts et de ne plus vivre à ses crochets. Il sait faire, il ne sait faire que cela. Laurent a conscience qu'il doit prendre son temps. Assurer un espace de repos pour sa Léa qui va revenir. Lui donner l'envie, lui prouver qu'il va bien et qu'il est capable de rendre son prochain heureux. Tout faire pour prouver que le problème ne vient pas de lui mais de Laurence.

Il aime déjà cette nouvelle famille qu'il se compose. Il reprend des couleurs et fourmille d'idées. Il a hâte de les partager avec sa fille. Elle est son alliée, sa complice depuis toujours. Ce nouveau départ est l'occasion de faire grandir leur amour. Et puis, l'Autre souhaite tellement que ça se passe bien qu'elle ne fera pas de réflexion si Laurent prend soin de sa fille. Même à l'excès. Léa n'est pas une capricieuse. Il a envie de la gâter. Avec l'argent de l'Autre, mais ça n'est pas un sujet. Il la manipule si bien. Par exemple, hier, il a claqué la porte pendant le dîner car elle a suggéré qu'il serait bien pour lui de commencer à prospecter pour un nouveau travail. Elle a sous-entendu qu'avec son expérience (son âge) le marché du travail serait moins tendre. Il s'est levé et a laissé sobrement tomber un « Bien, je te quitte donc ». À son retour, quelques heures plus tard, elle s'est excusée mille fois et a promis d'être plus attentive à ses besoins. Plus à son écoute. Il a acquiescé en lui caressant les cheveux. Sans tendresse et dans le contrôle. C'est comme cela que ça commence. Toujours.

Le respecter, c'est le craindre. L'aimer, c'est se taire. Le laisser vivre, une preuve d'amour. Bientôt, il exigera un double des clés et de ne plus rentrer le soir. C'est ainsi que cela évolue. Toujours. Si dans sa tête le plan est clair, il a également conscience qu'il faut avancer par étapes. Et surtout, surtout, ne pas rendre Léa actrice de ces agissements. Face à une adolescente trop lucide, il faut agir avec finesse. Ne pas faire tomber le masque.

Installé dans son bureau, il s'inquiète un instant. Et s'il était arrivé quelque chose à sa fille ? Laurent compose le numéro avec autorité, ça sonne. Répondeur. Il laisse un message qui danse entre inquiétude et tendresse. Et puis tout va bien. Laurent s'ennuie. Il a posé son ordinateur. Ce dernier est lent, trop lent. Et vieux. Il lui en faut un neuf. Un nouveau sac également. Ainsi équipé, il pourra s'installer à la terrasse du Rostand et travailler tranquillement pas loin de la maison. Il faut qu'il lui en parle ce soir. Le temps passe à peine. Il a déjà lu deux fois les journaux. L'appartement est vide. Elle est partie travailler. Il se lève et s'agite. L'inactivité le rend mauvais. L'absence, irritable. Elle n'est plus dans l'appartement. Elle est partie travailler. Elle l'a laissé seul.

Laurent fait les cent pas dans l'appartement, contemplant les détails élégants. Une lampe Pipistrello dans le salon, au mur, des lithographies d'Elissa Barber, une commode XIXe, des suspensions signées Petite Friture. Il est chez elle. Tout l'appartement semble le lui murmurer. Elle vit sans lui, elle avance. S'il n'y prend pas garde, c'est peut-être elle qui s'éloignera la première.

Il ouvre grand la fenêtre et tente de recouvrer son calme. Ça tire dans son bras et dans son cœur. La tête lui tourne. Il essaie de la joindre. Une fois, deux fois. Elle ne répond pas. En fait, il ne contrôle rien. Il ne la contrôle pas. Sinon, elle serait déjà à ses côtés à s'inquiéter pour lui. La hauteur sous plafond et les moulures l'écrasent. Il essaie de la joindre de nouveau. Ça sonne dans le vide. Il lui faut agir. Et vite. Mais avant toute chose il essaie de se calmer. Il pense à Léa. Il fait tout ça pour elle aussi. Pour qu'elle puisse s'épanouir dans un cadre apaisé. Il a besoin de sa fille. Il a besoin d'elle, et son exigence ne tolère aucun délai.

Il avise une paire de ciseaux et se dirige vers leur chambre. Sa chambre, dans les faits. Blanche, simple, un espace propice aux rêves. Il n'a pas sa place dans cet univers. Ces coussins, ce drap de dessus. Ces fauteuils. Il n'a rien choisi, ici. Tout est à elle. Il n'a rien décidé. La sensation d'imposture le reprend. La tête lui tourne. Elle va partir loin de lui pour un mec bien. Elle va partir car elle va voir quel genre d'individu il est véritablement.

Laurent attrape le premier coussin et le crève d'un coup de ciseau rageur. Les plumes volent autour de lui. Il se saisit du deuxième oreiller. Même traitement radical. Il ôte les draps, qu'il déchire consciencieusement. À chaque lambeau de tissu qui cède, c'est un peu de sa colère qui s'envole. La couette à la main, il se dirige vers la salle de bains. Ouvre l'eau, ferme la bonde et la dépose dans le fond de la baignoire. Le tissu flotte, s'imprègne et coule. Les tulipes sont découpées et jetées sur le sol. C'est désordonné et méthodique. Il crée le chaos et c'est sa faute à elle. Il ne fallait pas le laisser.

Ça continue de cogner dans sa tête, mais moins fort. Dans la cuisine, il trouve plusieurs rouleaux de papier de cuisson. Un sourire passe. Les deux fauteuils lounge vintage Robin Day disparaissent sous des couches de plastique. Dans la salle de bains, il trouve au hasard un rouge à lèvres à l'aide duquel il badigeonne les lithographies.

Il contemple le travail. Satisfait. Elle aurait dû répondre. La prochaine fois, elle saura. C'est lui qui décide et qui la modèle, désormais.

Alors qu'il la rappelle, Laurent voit un message de Léa :

Très occupée, te rappelle plus tard.

Sa fille va bien. Il le savait, il le sait. Elle se soigne et va lui revenir heureuse et requinquée.

Il sourit. Ça n'en sera que plus évident ce soir. Quand elle rentrera et qu'il lui expliquera qu'il n'est pas un homme qu'on délaisse. Un mec qu'on oublie. Quand il déconstruira sa pensée à force de mensonges et de froideur.

Le Sud

Marceau m'a déposée dans le centre-ville. J'ai serré sa main plus fort. Je déteste les adieux. Un baiser sur ses lèvres et je pars sans me retourner. On se parlera encore, je le sais.

Je chasse mes larmes et regarde ce village aux allures de carte postale. Où que le regard se pose, tout est charmant. Ça sent bon les vacances. Le repos. La mer n'est pas loin. Les touristes flânent. J'erre. J'ai sous-estimé le mois d'août, les citadins en manque de lumière. Toute à mes nuits d'amour, je n'ai pas réservé de chambre. À l'office de tourisme, au 10, avenue de Provence, on me rit au nez. La haute saison et le climat délicieux ont raison de mon hébergement. On me conseille le camping des Pinèdes. Je me raidis. Un sursaut de parisianisme, peut-être. Moi, dormir au camping ? J'aime les nuits à la belle étoile conditionnées à la présence rassurante d'une maison où se réfugier. Chez Joseph, je me suis parfois endormie dans le jardin, sans peur car je n'avais que quelques pas à faire pour regagner mon lit.

Je peux envoyer un message à Marceau. Lui dire de venir me chercher. Demander une nuit de rabe. Mes pieds avancent, mon cerveau décroche. L'agitation me force à lever le nez. Je suis au cœur du marché provençal. Un samedi matin au milieu des étals, des saveurs, du monde. La place Charles-de-Gaulle, ses pavés blancs qui se reflètent dans les maisons claires. C'est charmant, mais ça ne résout pas mon problème. Je n'avais pas envisagé d'aborder Garance ainsi : « Bonjour, je suis Léa, j'effectue un voyage ordinaire ou presque. Une échappée. Moi aussi, j'habite au 12 bis, mais loin, bien plus loin. Dans un endroit plus gris, plus moche, au fond. Sinon, vous pouvez m'héberger ? »

Je m'offre une livre de pêches plates et un expresso. Café gourmand de saison. Renoncer maintenant ? Appeler à l'aide. Plus je laisse filer le temps, plus je risque de me retrouver dehors ce soir. J'ai le sens de l'aventure. J'ai le sens de la folie, mais je me sens incapable de rester une nuit dehors. Pas toute seule, pas comme ça. Parce que, encore une fois, j'ai le cœur qui pique un peu…

Autour de moi, les corps se frôlent. Ça s'apostrophe, ça discute. Ça réchauffe un peu. C'est coloré. Je fais quelques photos que j'enverrai à Joseph et à Milo. Visiblement, ces deux-là échangent élégamment. Mon jardinier tourne mieux ses phrases. Ma détestable Vénus semble plus tendre à distance. J'en ris encore en les imaginant tous les deux. Peut-on imaginer couple plus inédit ? Mal assorti, même. J'avoue, ma méchanceté parle un peu pour moi. L'effort de Milo mérite un encouragement. Je commence donc par elle. La rue charmante et les étals de couleurs. Une pensée adressée vite fait. Juste pour dire que j'apprécie et que je ne suis pas dupe. J'écrirai à Joseph ce soir, plus longtemps. Plus posée. Je veux lui parler de ce cœur qui tire et s'étire. Savoir s'il n'a pas un conseil à me donner. Tout sauf un avis mièvre.

Garance est référencée à deux adresses. Son domicile, avenue du Maréchal-Joffre, et ce que j'imagine être son bureau, dans une petite rue derrière l'église Saint-Jacques.

Encore une fois, mes pieds me précèdent. Le nez dans le vent, je mange les odeurs. Olive, pin, citronnier, salade estivale. Cette ville est un bonbon. Je pose mes mains sur les pierres des maisons, c'est chaud et ça vibre sous les doigts. Bonnes ondes qui m'accompagnent. J'aperçois les tours fortifiées du château, je devine le toit d'une chapelle. Deux excellents points de vue. Y grimper tout de suite ? Trop dangereux, trop visible. Concentre-toi, Léa. Sauf si tu veux dormir dehors… Traîner des pieds, enfiler les lunettes de soleil. Disparaître dans la foule. Je passe une première fois devant l'échoppe sans la voir. Une seconde fois. C'est l'enseigne qui m'attire. Une ombre de stylo. Je pense à mon incroyable grand-mère, folle amoureuse de Jean d'Ormesson, à qui elle écrivait ardemment quand il dirigeait *Le Figaro*. Il répondait toujours. C'est avec cette pensée réconfortante que je me plante devant le bureau de Garance.

Vitrine bleu Klein qui détonne à peine. Poteries de terre cuite et géraniums assoiffés. Pointe du nez collée à la vitre, je guette. Personne. Il me reste une pêche plate. Croquer dedans, laisser couler le jus entre mes doigts, chercher un mouchoir, bref, tout faire pour ne pas avoir l'attention fixée sur ce bureau. C'est comme escompter un coup de fil quand on est amoureux. Personne… Frapper à sa porte ? J'appelle Marceau. C'est plus sûr, c'est moins sage. C'est tentant. Une silhouette brune s'arrête devant la porte bleue. Cherche ses clés dans un sac forcément trop grand pour elle.

— Allô ?

Je raccroche. J'expliquerai plus tard. Garance me regarde. À peine surprise.

— Léa ?

— À mon tour de tomber des nues. Comment connaissez-vous mon prénom ?

— Entre.

Je découvre ce que ça fait de recevoir la surprise d'une inconnue. Je dépose mon sac à dos dans un coin, mon fatras dans l'autre. Garance ouvre un tiroir derrière son bureau en chêne. Murs blancs. Pierres apparentes. Tomettes au sol. Dans un coin, face à la fenêtre, un canapé sans âge. Des coussins. Deux bacs de jouets. Des piles de livres et des fleurs séchées. Un endroit pour écrire.

— J'ai reçu ça il y a quelques semaines, je me demandais si tu passerais. Quand tu passerais, plutôt.

La lettre de maman. Fortiche, quand même. Un peu envahissante, même à distance. Mais émouvante, je l'avoue. Je souris. Mon cœur tire. Je n'attendais pas la larme qui pince le nez.

— C'est étrange, l'amour d'une mère, pas vrai ?

— C'est immense et imparfait. Je le sais, j'ai quatre enfants.

— Et vous les aimez tous pareil ?

— Ça dépend des jours !

Étourdie, je me pose. Mon téléphone sonne. Marceau. Ça attendra plus tard.

— Tiens, un thé glacé. Mets ton téléphone à charger et raconte-moi.

— Le téléphone peut attendre.

— Pas sûr. Quand je vois les coups d'œil que tu y jettes, je me dis qu'il doit être important.

— Vous êtes toujours aussi directe ?

— Intuitive, disons. Surtout pour les autres.

— Je vois.

— Alors, comme ça, tu rencontres des gens qui habitent à la même adresse que toi. Tu voyages depuis quand ?

— Quelques semaines.

— Tu trouves des réponses ?

— Quelques-unes. La liste de questions est longue.

— Elle l'est toujours.

Mes mains autour du verre. Le thé froid. La conversation. J'avais pensé à tout sauf à ça. Je suis heureuse de voir en vrai cette Garance, que je n'avais pas imaginée, pour une fois. J'apprécie cet échange simple. Mais je reste prudente. Parler d'amour avec une mère de quatre enfants, moi qui apprends à redécouvrir la mienne. J'ai l'impression de ne pas être face au bon interlocuteur.

— Tu es surprise ?

— Un peu. Pour être honnête, c'est en théorie moi qui provoque ça chez les autres en déboulant dans leur vie.

— Tu m'en veux d'avoir gâché l'effet ?

— Non, il n'y a pas de bonnes façons de se rencontrer.

— Quand j'ai reçu la lettre, j'ai d'abord cru à une plaisanterie. Et puis j'ai relu entre les lignes. J'ai compris.

— Quoi ?

— Une histoire compliquée. Un amour réel. Un départ et les inquiétudes qui vont avec. Ça m'a réjouie, sincèrement.

— Pourquoi ?

— Je suis écrivain public. Romantique sur le papier. Barbant dans les faits. Les gens viennent ici pour écrire à leur banque, leur avocat. Parfois pour parler d'amour, mais c'est tellement rare. J'ai vu dans cette lettre l'occasion de m'amuser un peu.

— Vous amuser ?

— Casser la routine. J'ai tout pour être heureuse. Une jolie maison, un boulot sympa, de charmants enfants. Je rêve juste à plus grand que ça. Savoir que, toi, tu vadrouilles pour savoir si tout ça a un sens, ça m'aère, vois-tu ? Allez, viens, on va à la maison. J'ai laissé la tribu cinq minutes, qui sait dans quel état je vais retrouver le salon.

— Quoi, comme ça ?

— Tu préfères que je te ferme la porte au nez ?

— Comment vous savez ?

— Je devine bien, je te l'ai déjà dit.

Je crois que, secrètement, j'espérais une dernière étape plus difficile. Me battre pour rester et montrer que j'étais allée jusqu'au bout. J'ai l'impression que la victoire est moins triomphante devant un tel accueil.

Garance m'attend devant la porte. Mon air dépité la fait sourire.

— Ton histoire est belle, elle mérite d'être aidée. Gagner, c'est parfois accepter la main tendue.

— La facilité me désarçonne.

— Parce que tu crois sérieusement que ce que tu as entrepris est facile ?

Note pour plus tard. En gros dans mon carnet. Garance, un point. Léa, dans les cordes. Je la suis en silence dans les rues qui serpentent. Cloches qui sonnent au loin. Chaleur qui monte du sol. Ombres qui s'étirent. Il est temps de se mettre au frais. La maison se dissimule derrière un porche. C'est une maison de contes avec heurtoir et glycine. Garance pousse la porte, des cris joyeux accompagnent le mouvement. Quatre zébulons me déboulent dans les jambes. Ça crie, ça parle fort et ça se chamaille déjà.

Le chat de la maison en profite pour s'éclipser. Je suis l'objet de toutes les attentions. Au fond, Garance a raison, la difficulté commence ici.

I Can't Help It

Marceau s'est garé. Léa ne rappelle pas. Elle a peut-être des ennuis.

Il attend. Il la sait pleine de ressources et de fragilité aussi. Un précipité de tendresse monté sur des jambes allumettes. Il sait qu'ils étaient une parenthèse. Mais, quand la parenthèse est aussi folle, a-t-on envie de la voir se refermer ? Il reste dans le coin – au cas où. Nice n'est pas loin, et c'est une destination sans attaches ni enjeux. Une ville faite pour demeurer anonyme. Marceau a pris un hôtel avec vue sur la mer. C'était pour elle. Ça n'est pas le genre de détail qu'il soigne. Là, c'était différent.

A-t-elle trouvé Garance ? Sûrement, sinon, elle aurait appelé. C'était peut-être ça, tout à l'heure. Une envie de se dire « bonjour », déjà, après quelques minutes loin l'un de l'autre. Attendre n'est pas dans ses habitudes. Espérer, encore moins. Elle lui donne envie de changer la donne. Il démarre, le cœur en vrac. Léa, une vieille âme dans un corps de nymphe, lui a offert son attention, son affection. Une attirance immédiate et inexplicable. Un besoin d'être collé à sa peau et de respirer plus tard.

Ils se sont trouvés pour cela. Combler le vide, poser un pansement sur leurs maux. C'est ça et c'est tout. L'envie de respirer plus fort. De ne pas dormir seul, aussi. De savourer le fait d'être deux, tout en sachant que c'est bien parce que c'est provisoire. Un plan à l'horizontale, scellé par un accord tacite. Se réparer, ne pas rouvrir les plaies. Se quitter en étant un peu réparé, moins bringuebalant. Être une étape pour l'un et l'autre. Dans le cas de Léa, c'est d'autant plus vrai. Marceau était une adresse, il est désormais un souvenir.

C'est bien, le souvenir. C'est tout ce qu'il reste après une portière claquée. C'est doux et tendre. Ça permet au cœur de palpiter un peu plus fort en cas de coup dur. On peut toujours se réfugier dans un souvenir. On le transporte avec soi, caché dans un coin de tête.

Marceau sourit. Les mauvaises graines sont les jolies fleurs. Ses cinquante ans lui pèsent moins. Son corps imparfait et sa gueule aussi. Parce que Léa a su voir au-delà de ça. Déceler, peut-être, ce qu'il y avait de meilleur. Une prescience de l'âme déchiffrée d'un seul battement de cils… Non. Le regard de Léa ne dévie pas. Il accroche, il fixe. Il ne dit pas ce qu'on souhaite entendre. Il ne déforme pas. Il voit pour de vrai.

Il la remercie à voix basse pour ça alors qu'il remet la clé de contact. Il se remercie aussi pour cette drôle de rencontre. Cette aventure qui ne ressemble à aucune autre. Cette histoire belle parce que secrète. Il pense au fait que personne n'aurait pu les imaginer ensemble. Que personne n'aurait pu imaginer leurs étreintes magnifiques. Le mystère protège les couples inattendus. C'est ce qui leur confère encore plus de charme.

Le téléphone reste muet. La route défile, Marceau monte le son de la radio. Réflexe hors du temps. Ça crisse et ronronne avant de laisser une voix claire percer. Il la connaît, évidemment. C'est son univers en quelques mesures. Betty Carter, *I Can't Help It*. Clin d'œil sonore à ses interrogations muettes. Ça n'est pas de l'amour. C'est mieux.

La route en ligne droite monotone et Léa qui a tout fait voler en éclats. Ses principes, ses habitudes. Avec sa franchise désarmante et sa volonté farouche. Elle l'a voulu, elle l'a eu. Point. C'est clair. C'est ainsi. Et, si c'était bien, ils recommenceront. Si elle se lasse, elle partira. L'errance lui fait un joli teint. Et sa liberté remet Marceau dans la réalité. Léa n'est pas dénuée de sentiments pour lui, il le sait. Mais ces émotions correspondent à un temps précis. Une occasion. C'était une opportunité amoureuse. Elle lui a dit avec tendresse. C'est pour ça qu'il n'a pas répondu. Elle a été honnête. Lui aussi. Ils ont profité avec plaisir de l'un et de l'autre. Ils ont apprécié les caresses, le premier café du matin les pieds nus dans la cuisine. C'est arrivé pour de vrai. Et maintenant ? Oublier et vivre ?

Oui, et en grand ! Nice est l'occasion de garder le fil avec Léa. Nice est pratique car distante de dix-sept kilomètres de La Colle-sur-Loup. En cas de problème, il peut arriver rapidement. Nice, c'est surtout le musée Matisse. Des découpages de couleurs qui le font penser à ses assiettes colorées. Il a pris un billet pour découvrir ces tableaux auxquels il ne comprend pas grand-chose. C'est un moyen d'être près d'elle encore un peu. Il se veut curieux pour célébrer encore leur histoire. Il aimerait lui embrasser le poignet gauche, mais ça n'est pas d'actualité. Il va se servir de l'art pour lui parler encore d'amour. Si ça la fait rire, c'est mieux.

Marceau sait qu'il ne va pas changer du jour au lendemain. Simplement, il sait aussi ce qui lui manque, désormais. Pour être un homme plus juste et un meilleur animateur : l'enthousiasme de la découverte. Des autres, des femmes, de lui-même et de l'art. Alors qu'il approche de la ville, il dresse une liste non exhaustive pour le voyage intérieur à venir. Léa lui a donné la capacité de voir le beau dans le quotidien. De créer des preuves d'attention à partir de rien. En bon soldat, il a analysé et compris. Il ne reste plus qu'à l'appliquer. Il se veut boulimique de ce qui l'entoure. Sortir prudemment de l'ombre et écouter. Et il va commencer maintenant. Il tourne précipitamment en direction du musée. Il veut tout voir. Il veut comprendre. Et surtout il veut lui dire qu'il a trouvé un sens à cette escapade.

Il veut lui dire qu'elle lui manque, mais cet aveu attendra un peu.

Dog Days Are Over

Je garde un souvenir très précis de ces premiers jours chez Garance. Un goût, surtout. Celui du sel. À peine installée dans ma chambre, j'ai pleuré. Et pas qu'un peu. Un chagrin désordonné et joyeux. À l'intérieur, la peine de quitter Marceau, le soulagement que Garance m'ouvre sa porte et puis, déjà, la mélancolie à la perspective de la fin du voyage. Bonheur, tristesse, soulagement. Secouez tout ça et vous m'obtenez moi. Une fille heureuse, et en larmes. Ça a coulé sur mes joues, mes lèvres, ma langue. Festival de mes papilles surprises de se remémorer la saveur salée, tout ça, sans manger. J'ai prévenu mon docteur en blouse blanche. Je sais que lui peut comprendre. Quatre rencontres, quatre goûts. Ce soir, il se peut que j'opte pour un millefeuille en dessert… J'en ai parlé à Garance. Moins à son mari, qui semble indifférent à mon arrivée. Garance m'a présentée comme une jeune fille au pair venue la soulager dans ses journées. Elle a édulcoré mon histoire et c'est passé tout seul. Il m'a regardée, m'a dit bonjour et a filé.

Ces larmes évacuées, j'ai été happée, mangée tout entière par une tribu cannibale. Adélie, Solal, Abel et Margot. Voilà l'identité de mes geôliers. Depuis que j'ai posé un pied sur les tomettes du salon, je ne m'appartiens plus. Un jouet taille presque adulte qui vient d'ailleurs. Qui sort du cadre. Et ça les passionne.

Ma chambre au dernier étage me préserve quelques heures de leur présence. Les enfants m'ont toujours intriguée. Là, je me rattrape et je me gave. De leur énergie, de leurs questions sans fin, de leur fatigue et de leurs pleurs. Étonnamment, j'ai été reconnue et adoptée. Je suis des leurs. Pas encore un parent, je suis un « grand enfant », comme m'a asséné Solal du haut de ses sept ans. « Toi, tu sais jouer et rire sans te fâcher trop vite », a-t-il continué. Cette reconnaissance du ventre me surprend et m'effraie. Parce que, j'avoue, en quelques minutes, je les ai aimés, ces monstres.

Je comprends que le cœur de Garance s'agrandisse. Qu'elle les aime tous, mais pas tout le temps et pas en même temps. Ils sont trop tout. Trop rapides, trop turbulents, trop pleins d'amour. Ça éclate dans ma tête. Ils m'entraînent dans leurs jeux et dans leur vie. À peine surpris de ma présence dans leur maison, moi, l'inconnue.

Garance a été parfaite. Elle leur a expliqué pourquoi j'étais là. En s'adaptant à chacun. Elle a répondu à l'étonnement. « T'es partie de chez toi comme ça ? » Adélie, dix ans. « Tu dors pas chez ton papa et ta maman ? » Abel, quatre ans. Du haut de ses deux ans et demi, Margot m'a tendu son lapin en peluche le plus élimé, celui qui ponctue chaque sieste, dans un geste de compassion ultime. Et moi, dans tout ça, j'ai été lessivée par tant d'acceptation. J'ai expliqué à Solal pourquoi mes assiettes étaient toujours en couleurs. J'ai montré à Adélie mon parcours et les bombes de fleurs. J'ai dessiné pour Abel les poules de Joseph, Odile et Jacqueline. J'ai trouvé ma place sans trop bien la chercher. Je suis là, au bon moment. Je retrouve une certaine forme d'innocence. J'apprends à dire « Ça n'est pas grave », je m'éloigne encore un peu de ma rigueur et du tuteur qui m'a toujours fait tenir droite. Je me laisse passer des choses. J'oscille au gré du vent. J'écris à Joseph, à Milo. Je parle à Marceau. Ce matin, il m'a réveillée avec une photo, un *Nu bleu*. Le numéro IV de Matisse. Nu pour le souvenir de nos étreintes. Bleu parce que j'en vois partout. J'aimerais en mettre dans mon assiette, mais c'est compliqué…

Et puis… Laurence est en route. Maman est dans le train. Je peux de nouveau l'appeler ainsi. Merci, Garance. C'est amusant de savourer de nouveau ces syllabes. Je me souviens de ces poèmes d'école. Les récitations charmantes apprises pour la fête des Mères. Ça reprend du sens. Il me fallait ça. De la colère, de la distance. Réaliser mes apprentissages pour aller vers elle. Je n'ai pas informé papa de son voyage. Je lui ai écrit, ce que je fais de mieux en ce moment pour lui demander de l'air. Une pause dans notre correspondance. De ses derniers messages, je ne sens que tristesse et amertume. Qu'il se débrouille avec ses émotions. Le doudou à son papa est aux abonnés absents. On se reverra quand j'en aurai envie. Quand il aura progressé. Qu'il aura lui aussi fait son chemin. Il m'avait parlé un jour d'un voyage à Compostelle. C'est peut-être l'occasion ?

Paris-Lyon. Lyon-Nice. Six heures et des poussières de trajet. Maman va avoir le temps de réfléchir, de retourner la situation. J'ai essayé de mettre de l'ordre dans mes pensées. Dans mes premières paroles. C'est toujours aussi confus malgré mon envie de faire simple. J'ai peur que ça déborde quand elle sera là. Je ne vais pas lui dire d'un seul coup que j'ai retrouvé tous les goûts et que j'ai couché avec un homme de cinquante ans, ça risque de faire beaucoup pour des retrouvailles…

Garance s'amuse de mes hésitations. Elle a préparé une chambre pour maman. Ça me semble assez fou, dans le fond. J'ai partagé la nouvelle avec Joseph, Milo et Marceau. Raconté que j'avais bouclé un morceau de l'histoire. Joseph a raison, j'ai semé des graines, avec mon rêve éveillé. Ça me donne une nouvelle réjouissante à noter dans mon carnet. J'arrive à la fin, d'ailleurs. Il reste quelques pages volantes et blanches pour consigner mes retrouvailles avec maman. Pour le reste, il faudra en commencer un nouveau.

Encore deux heures à attendre. Je ne suis toujours pas douée de patience. Combien de jours depuis mon premier départ ? Les billets de train au fond de mon sac témoignent de ma vadrouille. Bon, j'avoue, je les ai comptés. Paris-Mérignac : cinq cent quatre-vingt-dix kilomètres. Mérignac-Biarritz : deux cent six kilomètres.

Biarritz-Tarbes : cent soixante-six kilomètres. Tarbes-La Colle-sur-Loup : sept cents kilomètres. Mille six cent soixante-deux kilomètres, sans inclure le trajet de retour pour Paris. Neuf cent cinquante-trois kilomètres. Deux mille six cent quinze kilomètres pour devenir soi. Est-ce que ça aurait été aussi rapide en filant à Rome ? Est-ce que ça aurait été aussi fort à Istanbul ? Je n'en sais rien, et dans le fond l'important n'est pas là.

Je n'avais pas de destin, j'ai en créé un. Il n'y avait aucune évidence dans cette aventure. Il n'y avait aucune garantie de succès. J'y suis allée avec la boule au ventre et l'inconscience au cœur. Et ça a marché. Aujourd'hui, j'écris : « Je suis ma propre héroïne. » J'aurais pu mettre « mon propre héros », mais je célèbre une certaine part de féminité retrouvée.

Qu'est-ce que je vais faire avec tout ça ? Qu'est-ce que je vais faire en rentrant à Paris ? Ça pourrait occuper un ou deux carnets. Je vais passer voir mon docteur en blouse blanche pour lui raconter mon périple. Et puis à l'étage des malades. Pas pour leur dire qu'elles sont fortes, mais qu'elles le deviendront à coup sûr. J'envisage moyennement un parcours à l'université. Je pourrais écrire et voyager. Apprendre une ou deux autres langues et faire de la traduction, comme… comme maman. Je comprends aujourd'hui son besoin d'indépendance. Écrire, parler, transmettre, traduire. Des verbes de construction. Il faudra que j'en parle avec elle, à l'occasion. Peut-être dans une heure et demie ?

J'ai raconté ma vie et accepté les retours. Maladroite avec mes émotions. Un peu fâchée avec mon assiette. Juste à la recherche d'une voie. Bon ou mauvais, là n'est pas la question. C'est mon histoire et j'ai décidé d'y mettre un sens. Je n'ai pas choisi le début, un peu cafouillé sur la suite. J'ai souhaité que l'après m'appartienne complètement.

J'ai bouclé mon chemin, terminé le parcours. Je suis toujours Léa, plus que jamais, même. Toiturophile. Fil de fer. Fière de moi. Moitié moins angoissée qu'il y a un mois et des poussières. Aimée en comprenant pourquoi. Quoi qu'il advienne et quoi qu'il se passe. Assez forte maintenant pour y aller. Pour être fière. Je vais retrouver ma mère.

Merci

Aux lecteurs de mon premier roman, *L'Année du flamant rose*, qui par leurs mots m'ont donné l'énergie d'écrire encore et toujours.

À ma fille, Alma, mon tournesol, mon soleil. Les petites filles qui rêvent deviennent des femmes qui ont une vision. Alors rêve, mon chat, même et surtout si on te dit que ça n'est pas fait pour toi.

À Kasia Ksen, qui sait que je porte ce projet depuis 2016. C'était pendant un *run*… à Biarritz.

À Marie Eugène, mon éditrice, qui, la même année, dans un café près d'Edgar-Quinet, m'a dit dans un sourire : « Écris cette histoire. »

À ma maman. J'ai longtemps été la fille de mon père, je sais aujourd'hui que je suis la fille de ma mère.

Table

Composé et édité par HarperCollins France.

Achevé d'imprimer en mars 2020.

CPI
FIRMIN-DIDOT

à Mesnil-sur-l'Estrée (Eure)

Dépôt légal : avril 2020.

Pour limiter l'empreinte environnementale de ses livres, HarperCollins France s'engage à n'utiliser que du papier fabriqué à partir de bois provenant de forêts gérées durablement et de manière responsable.

Imprimé en France